Después de adoptar

Después de adopar

Todas las respuestas para padres adoptivos

Alicia Fernández-Zúñiga Marcos de León
Carolina Rodríguez Bustelo Beamonte

Coordinación
Aurora Moya Rodríguez

Asesor médico
Jorge E. Morgado de Moura Machado

edicionesceac

Diseño de cubierta e ilustración: Freixes-Garriga, scp & Edgar
Producción editorial: EdiDe, S.L.

ISBN: 978-84-329-2033-2
Depósito legal: M-20.620-2009
Impreso por Brosmac, S.L.
Impreso en España - Printed in Spain

Índice

Introducción

El objetivo de este libro es proporcionar la información que necesitan los padres de uno o más hijos adoptados. Llegar a ser finalmente padres adoptivos implica que se ha sido perseverante, que se han seguido todos los pasos de un largo proceso de adopción y, sobre todo, demuestra el deseo de ser padres por encima de todas las dificultades.

La redacción de esta obra incluye ideas y opiniones basadas en la experiencia profesional acerca de todo aquello que usted debe plantearse por el hecho de ser padre adoptivo, o de querer serlo.

La guía está dividida en varios capítulos que recogen la información más importante para una buena adaptación del menor adoptado a su nuevo entorno familiar y social.

El primer capítulo se centra en la creación del vínculo afectivo padres-hijos, en el lenguaje y su desarrollo, en la familia donde debe integrarse el menor y en las reacciones que pueden producirse en el entorno social. Asimismo, se aportan información y consejos sobre la salud y la visita obligada al pediatra.

El segundo capítulo aborda la conducta del hijo adoptado: las razones, los motivos, los problemas y las posibles soluciones. También se contempla desde un punto de vista evolutivo y de desarrollo del niño.

El tercer capítulo se refiere a la integración del hijo en la escuela. Hay que elegir el colegio donde va a estudiar y facilitar al máximo su integración; es importante proporcionar información al profesorado. Se abordan, además, las dificultades que pueden presentarse.

El cuarto capítulo se centra en el derecho de los niños adoptados a conocer sus orígenes familiares, nacionales o culturales.

En el último capítulo se habla de la adolescencia –ya que puede ser una época conflictiva– y de la búsqueda de la identidad.

La intención de las autoras ha sido informar, aportar otro punto de vista y, sobre todo, brindar respuestas a dudas que quizás les surjan a los padres de un niño adoptado, así como ayudar a estos padres a comprender mejor las necesidades, la conducta y los sentimientos de su hijo.

Si nuestro objetivo se logra, habremos contribuido entre todos a la mejor adaptación del niño, que debe ser la prioridad de todas las personas involucradas en un proceso de adopción: padres, familiares, amigos, profesores, profesionales...

Hemos intentado ser una ayuda para los padres en su labor diaria de conseguir la mejor adaptación de su hijo y de establecer un vínculo familiar seguro que le permita ser una persona feliz. Y así les sucederá también a los padres, ya que conseguirán una relación afectiva y emocional más rica. Tanto el menor adoptado como los padres adoptivos merecen ser felices y disfrutar de la relación paternofilial.

Desde aquí queremos agradecer a todos los padres que a lo largo de los años nos han dado sus opiniones basadas en su experiencia personal, lo que, junto a nuestra formación profesional, ha permitido que plasmáramos en estas páginas nuestro conocimiento sobre el tema. Este enriquecimiento profesional es una gran ayuda para nuestro trabajo diario, que nos ha de permitir llevar a cabo una mejor labor en el futuro.

También queremos agradecer las aportaciones de Aurora Moya que, desde su experiencia como madre de dos hijas adoptivas, ha aportado una visión práctica y real de lo que es ser madre día a día y para siempre.

Esperamos que este libro sirva también a otros profesionales para plantear cuestiones y continuar reflexionando sobre los distintos aspectos de la adopción, lo que contribuirá a aumentar la calidad de la atención y permitirá ofrecer un mejor apoyo a los padres de un hijo adoptado.

Nota de redacción

Con respecto a los términos que se han utilizado en la redacción de este texto, se hace referencia al *niño adoptado* en términos genéricos, lo que incluye niño o niña adoptados, indistintamente.

Del mismo modo, a lo largo de la guía se hace referencia a los *padres adoptivos* en el mismo sentido general, incluyendo tanto a la madre como al padre.

Se han escogido estas formas de expresión para ahorrar referencias a «niñas, niños» y «madres, padres», que en nuestra opinión distrae del hilo conductor del texto.

1

Comienza la relación

Creación del vínculo afectivo

Vínculo y *apego* son términos que aparecen habitualmente en los textos relacionados con la adopción y se utilizan tanto que a veces se pierde su significado.

El **apego** se refiere a la conexión afectiva mutua, que se establece entre padres e hijos, independientemente de que el niño sea biológico o adoptado. Este lazo de unión afectivo, o **vínculo**, entre ambos se va construyendo como resultado de diferentes factores. Por un lado, el padre «va haciendo suyo» al niño, aparecen sentimientos de reconocimiento, prefiere a ese niño frente a otros. Por otro, desarrolla implicación en todo lo concerniente a ese hijo, se interesa por su desarrollo y sus características físicas, y desea cubrir sus necesidades, responsabilizarse de él y darle protección y cariño sin condiciones. Este proceso afectivo está, pues, relacionado con la forma en que el padre percibe al niño y cómo lo siente hijo propio.

Por otro lado, el niño va experimentando bienestar emocional al ver que el adulto cubre sus necesidades de cariño, cuidado y protección. Percibe cómo le va demostrando su apoyo y amor de manera regular, cómo le comprende y, en definitiva, le acepta globalmente.

De esta forma se van estableciendo vínculos afectivos fuertes y estables en la medida en que, además de proporcionarle los cuidados que necesita, le da afecto y se responsabiliza de él. Por tanto, el vínculo se va construyendo según van surgiendo diferentes emociones y sentimientos entre el padre y el niño, hasta que se establece el apego.

Esta relación proporciona al hijo la base para un desarrollo emocional adecuado y la capacidad para relacionarse con otras personas de su entorno. Si el niño ha establecido un apego fuerte a una edad temprana, podrá realizar otros vínculos afectivos posteriores con otras personas, y ya de mayor, con sus amigos o con su pareja, para después también ser capaz de construir él mismo relaciones afectivas a su vez como padre o madre.

Por el contrario, los estudios indican que si los niños no establecen apego en sus primeros años puede ser que les resulte difícil formarlo con otras personas más adelante.

Los lazos de afecto y confianza en la relación paterno-filial tienen un significado especial para los padres adoptivos. Niños y padres generalmente establecen apegos fuertes entre ellos, independientemente de que sean hijos biológicos o adoptados. Los padres adoptivos aman a sus hijos tanto como los padres biológicos. La relación de apego que se da entre padre e hijo es igualmente fuerte, ya que no depende de la conexión biológica ni de la «relación de sangre», sino de la experiencia que se construye entre ambos.

Ahora bien, este sentimiento no aparece inmediatamente, sino que tiene que transcurrir un tiempo, especialmente para el niño, si ha tenido otras relaciones paternas anteriores.

El proceso de establecimiento de esta interrelación tiene que ver con que el niño sienta que la persona que le cuida le proporciona estabilidad emocional. Es decir, que se relaciona con él y le atiende de forma estable, regular, invariable; que cubre tanto los aspectos más básicos (como la alimentación) como la necesidad de protección y afecto.

Evidentemente, si el niño ha sufrido maltrato o ha sido criado por personas diferentes durante los primeros años y, en consecuencia, no ha recibido las atenciones necesarias, no confiará en los adultos que le estén cuidando. En un principio, cuando inicie una nueva relación es posible que no responda a las atenciones ni al cariño y quizás se muestre confundido.

Lo habitual es que necesite tiempo para darse cuenta de que la relación es estable. Pero si experimenta que el adulto establece esta relación emocional con él y el vínculo persiste durante un tiempo prolongado y pase lo que pase, entonces será posible que pueda sentirse confiado y seguro.

Al comienzo de la relación, en los primeros días o semanas, el niño puede mostrar conductas que llamen la atención a sus padres adoptivos porque no reacciona a sus atenciones como se esperaría. Quizás no atienda a sus manifestaciones de cariño o las evite o se muestre retraído. Todo ello puede estar justificado dependiendo de sus experiencias pasadas.

Desde los primeros momentos debe observar la evolución de su hijo en su relación emocional con usted. La mayoría de los niños evolucionan favorablemente, es decir, empiezan a relacionarse afectivamente aceptando ser queridos, comunicándose y compartiendo sus experiencias vitales con sus padres en la medida en que ustedes le van trasmitiendo todo su cariño y aceptación incondicional.

Los estudios reflejan que muchos de los niños que al principio muestran un comportamiento contradictorio, suelen superarlo gradualmente, gracias al efecto beneficioso que produce en su desarrollo la adopción por parte de una familia que les proporciona todo lo que necesitan para su evolución y adaptación a la nueva situación.

Sin embargo, en pocas ocasiones esos síntomas no presentan señales de evolución y persisten en el tiempo. Estos casos se deben considerar como signos de alarma y pueden ser indicio de una alteración más importante que requiera atención profesional.

Cómo se adquiere el vínculo afectivo

Los expertos han intentado fijar la edad en que se establece el apego. Parece que el niño desarrolla normalmente vínculos seguros entre los dos y los tres años de vida. Algunos investigadores plantean que existe un período crítico a partir del cual el niño tiene más dificultad para establecer el apego. Se ha afirmado que los menores adoptados de más de cuatro años tienen importantes problemas para vincularse de forma segura. No obstante, la experiencia ha demostrado que niños de estas edades han sido capaces de establecer vínculos seguros con sus padres, lo cual indica que no depende probablemente tanto de la edad sino de otros factores.

En general, los niños de menos edad tienen más facilidad para el apego y lo hacen de forma más rápida que los niños mayores. Los niños adoptados de bebés o muy pequeños establecen más fácilmente un apego seguro, aunque el establecimiento del vínculo depende en mayor medida de las experiencias que hayan vivido anteriormente y de la edad que tengan. Si en sus relaciones anteriores han existido problemas, bien por haber vivido en el seno de una familia desestructurada o por no haber podido establecer vínculos estables, pueden mostrarse inseguros y desconfiados en la nueva relación.

El niño al nacer tiene un cerebro que está en desarrollo; se va conformando a medida que interactúa con el ambiente. Es evidente que los factores negativos también le afectan, pero igualmente tiene una gran capacidad de establecer conexiones nuevas y compensar las posibles alteraciones. Es decir, el niño puede aprender mientras crece y las experiencias positivas que va a vivir con la adopción le facilitarán esta adecuada evolución y compensarán sus dificultades.

Su hijo presenta por tanto una gran capacidad para aprender conductas nuevas y adaptarse a situaciones diferentes. Lo fundamental es que estas circunstancias positivas se produzcan lo más temprano posible y se mantengan a lo largo de su desarrollo. Cuanto antes reciba una adecuada estimulación, más probabilidades tendrá de establecer vínculos.

Una vez que usted establezca con él esta relación de apego, debe pensar que seguramente se volverá a encontrar con distintos escenarios de este tipo a lo largo de su adaptación y desarrollo; cuando se tenga que separar de usted en el momento de entrar en el colegio; cuando establezca otras relaciones, con su familia, sus amigos o su pareja, con los que entablará también relación emocional. En la medida en que los resuelva de forma natural, será indicio de relaciones afectivas saludables y consecuencia del apego que estableció con usted.

En la adolescencia, se plantearán igualmente otras situaciones en las que parecerá que quiere romper lazos o ponerlos en cuestión. En este período se produce en la mayoría de los adolescentes una época de cambios y conflictos con los padres. La conducta y la actitud del joven provocan que los padres se planteen de nuevo los temores de la vinculación (ver capítulo 5, «Adolescencia del hijo adoptado»).

Piense que una vez establecido un lazo afectivo fuerte y seguro, usted se debe sentir también seguro y confiado junto a su hijo. Usted es su madre o su padre y no porque se separe de él durante unos días o si el niño se encariña con una profesora o con otro adulto, o si le pone en cuestión en un momento de su desarrollo (algo habitual en todos los niños), va a dejar de ser la figura de referencia más importante en su vida con todo lo que ello implica.

Alteraciones del vínculo

Ya se ha visto cómo los niños suelen presentar dificultades de vinculación generalmente leves, pero es posible que algunos niños muestren alteraciones graves, que requieran intervención terapéutica.

Se plantea que el apego se da en una línea continua, que va desde una vinculación segura a una insegura o a una desvinculación. Hay que diferenciar, por tanto, entre las dificultades que pueden presentar la mayoría de los niños al haber sufrido en los primeros años de vida una separación de figuras de referencia con la que establecieron vínculos tempranos, que pueden tener riesgo de problemas emocionales, y las de establecimiento de vínculo seguro, con un trastorno resistente al cambio.

Los casos graves se describen en psiquiatría y psicología como «trastorno del vínculo en la infancia reactivo». Según la definición, el niño se comporta de una forma alterada antes de los cinco años, con una incapacidad persistente de interactuar socialmente y de responder de forma adecuada, que se manifiesta por respuestas excesivamente inhibidas, hipervigilantes o ambivalentes con sus cuidadores y se relaciona con condiciones de gran deprivación emocional y ambiental. De la misma forma tiene que ver con niños que han sufrido un trato patológico o un rechazo emocional en su vida anterior. En consecuencia, el niño puede mostrar respuestas contradictorias y ambivalentes o rehusar ser atendido o cuidado o, por el contrario, manifestar desinhibición, comportándose de forma ambivalente o contradictoria, siendo excesivamente sociable con cualquier persona, sin discriminar entre extraños y sus cuidadores o también con resistencia a ser consolado. En niños muy alterados pueden aparecer conductas destructivas o agresivas, escaso contacto ocular o dificultad para la regulación emocional.

Las experiencias de maltrato que el niño haya vivido en sus primeros años han podido alterar complejos circuitos cerebrales sin posibilitarle aprender cómo integrar relaciones afectivas, el contacto físico o la protección de un cuidador. La irregularidad y lo nocivo de estas experiencias no le han permitido confiar y esperar otra forma de relación.

Parece que los niños que han padecido un estrés intenso en los primeros años conservan bloqueos y presentan dificultades en su capacidad para regular sus emociones, su conducta y sus respuestas sensitivas.

Hay muchas descripciones de síntomas, pero no todos los niños presentan estos signos, ni de forma tan extrema. De hecho, es un tipo de alteración que no aparece con frecuencia.

Hay que diferenciar, por tanto, entre este trastorno grave y las dificultades que pueden presentar la mayoría de los niños al haber sufrido en los primeros años una separación de figuras de referencia con las que establecieron vínculos tempranos. Esto puede influir en que puedan padecer mayor riesgo de presentar problemas emocionales o de establecimiento de un vínculo seguro.

Cómo favorecer la adquisición del vínculo

Las investigaciones indican que los padres establecen una vinculación más rápida con su hijo adoptivo si encuentran similitudes con ellos mismos. Con frecuencia los padres pueden hacer atribuciones acerca del parecido del niño en su forma de ser, su forma de reír, sus expresiones o algunos rasgos físicos.

Desde el comienzo de la relación se comparten diferentes cosas. Pero una vez que el niño lo pueda comprender es muy importante observar en él semejanzas con sus padres o su familia.

Se puede observar en familias donde un niño convive con padres no biológicos cómo el hijo termina pareciéndose a los padres aunque no haya ninguna relación genética. El niño tiende a imitar a aquellas personas a las que valora y se siente ligado emocionalmente y que son referentes para él. Los niños se identifican con las personas con las que tienen buena relación, están implicadas y se interesan por ellos y sus cosas.

Por tanto, es posible que su hijo se parezca a usted en diferentes rasgos y puede favorecer que el niño se vincule fuertemente resaltando aquellos gestos, mirada, formas de hablar, de reflexionar, de expresar el sentido del humor, su agilidad, su forma de moverse o andar, que son ejemplos de algunos rasgos u otros similares que son aprendidos, los cuales puede encontrar entre su hijo y usted. Estos parecidos son elementos básicos para que su hijo se sienta próximo a usted y a su familia.

De la misma forma, el sentido de pertenencia a sus padres y su familia también se refuerza celebrando tradiciones o costumbres especiales. Compartir aspectos comunes o formas determinadas de hacer las cosas, ayuda a crear un sentimiento de unión afectiva de manera más intensa.

Como se ha comentado antes, la forma de establecer una relación emocional con el niño es proporcionarle estas sensaciones de afecto y seguridad y la atención que él necesita. Todas las experiencias en este sentido que le pueda ofrecer son muy importantes.

Piense que los niños tienen una forma de aprender fundamentalmente a través de las interacciones y los juegos que llevan a cabo con sus padres; el contacto físico, las caricias, la atención a sus necesidades de alimentación o de aseo, y de forma muy especial el juego. Pero también es cierto que cada persona tiene diferentes formas de aceptar o mostrar afecto, aunque todos los niños necesitan ser queridos para sentirse seguros y confiados. No todos los hijos adoptados o biológicos son iguales y es necesario que usted se adapte a su forma de ser, observe sus reacciones, su estilo de acercamiento y de demostrar cariño.

Algo importante que debe tener en cuenta es que, aunque en ocasiones se sienta mal con su hijo, esto es normal. Los padres, biológicos o no, pueden tener a veces, sentimientos ambivalentes hacia su hijo, sobre todo si muestra mala conducta o una manera de relacionarse que no gusta. En estos momentos, usted no debe sentir inseguridad en la relación con su hijo, debe ser capaz de manejar sus propias emociones y observar y comprender las razones de su conducta. Reconozca los sentimientos del niño y trate de entenderlos. En situaciones de este tipo ayúdele también a que él exprese sus propias emociones.

Claves para establecer conexión emocional

Cuando el niño percibe la implicación emocional y el interés de sus padres por sus cosas y constata la presencia y la atención regular e incondicional hacia él, puede percibir el cariño subyacente y ser capaz de empezar a confiar en las personas que le proporcionan esa tranquilidad y protección.

A continuación se proponen algunas sugerencias sobre cómo favorecer la conexión y la confianza con su hijo.

Rutinas. Cuando su hijo lleva poco tiempo desde la llegada a su nuevo hogar, necesita estabilidad: trate de establecer rutinas. Todos los niños se tranquilizan cuando su ambiente es regular, ya que con ello prevén qué ocurrirá después. Cuando el niño está en casa necesita saber que usted estará ahí todos los días con él, hasta que se asegure de que no le abandonará. La adquisición de esta confianza tardará algunas semanas o meses y conviene que se haga a la idea de que este proceso de afianzamiento no va a durar siempre, pero sí requiere tiempo, paciencia y comprensión.

Separaciones prolongadas o frecuentes pueden interferir el proceso de vinculación o alargarlo. Aproveche el tiempo de baja maternal para establecer estas rutinas.

Cuando vaya a terminar este período, recuerde que es importante que la separación no se produzca de un día para otro. Hágalo de manera gradual. Vaya ausentándose durante sólo unos minutos, tras haber avisado al niño, y aumente poco a poco la duración de estas etapas.

Para los niños mayores que ya entienden el paso del tiempo, puede ser de ayuda tener un programa del día y de la semana, con las actividades más importantes y siempre con claves visuales o calendarios, sobre todo si no comprenden bien el lenguaje. De la misma forma esta rutina incluye el sueño y la alimentación, ya que a través de estas situaciones es como se va instaurando también la conexión.

- El **sueño** es una de las rutinas difíciles para el niño adoptado. La noche aumenta la inseguridad y el niño puede sentir temor (ver capítulo 2, «Adquisición de la autonomía. Sueño»). Durante el primer período de adaptación es conveniente atenderle cuando se despierte e incluso quedarse con él hasta que se tranquilice.

- La **alimentación** también es un aspecto cotidiano que produce en los niños conflictos en la adaptación a su nueva vida. Los cambios de sabores, texturas y ritmos en las comidas son una dificultad que a algunos niños les suele costar hasta que se acostumbran (ver capítulo 2, «Adquisición de la autonomía. Alimentación»).

Juego. Juegue a diario un ratito; el juego puede durar más o menos, según la edad o el niño, pero establecer un período en torno a los 20 a 30 minutos le puede servir de orientación.

Siéntese en un sitio cómodo o si lo prefiere en el suelo y colóquese de tal forma que mantenga el contacto ocular con él, que le permita observar sus gestos y expresiones e ir interpretando sus sentimientos y emociones. También su hijo tiene la posibilidad de observar su rostro y, de esa forma, percibir sus sentimientos.

Durante ese tiempo siga la iniciativa del niño, trate de que sean unos momentos agradables, divertidos. No busque enseñarle nada en especial, sólo disfrute de la situación con él. Valore lo que hace, reconozca sus ocurrencias y esté atento a cómo va reaccionando. Esa actitud le hará sentirse valorado. Así se irán conociendo mutuamente y ambos se relajarán a medida que cada uno sepa cómo reacciona el otro.

Comunicación. La primera manera en que se establece la comunicación de la madre con su hijo es mediante gestos y juegos de interacción con ritmos y movimientos. Son intercambios como los *cinco lobitos*, o *cu-cú, tras-tras*, etc., que usted habrá visto hacer a muchas madres con sus hijos cuando son pequeños. También son habituales los contactos y las caricias que acompañan a estos juegos, como mecerle, acunarle o cantarle.

Diviértase con él haciendo muecas, imitándolas, dando *besos de nariz, aserrín-aserrán, juegos de manos*, que introducen el contacto físico de forma lúdica y sin brusquedad. Esta forma de jugar se sabe que ayuda a compartir diversión y contento e incide en estrechar la relación. Además, el niño va entendiendo cómo puede participar y disfrutar conjuntamente con el adulto en juegos de turnos recíprocos.

Compartir. Si comparte con su hijo elementos de la casa, como la toalla, la crema, el jabón, etc., le ayuda a sentir la pertenencia y a ser partícipe de las mismas cosas, además de sentir el mismo olor, o realizar actividades conjuntas. Igualmente disfrutará de momentos de placer con usted como tomarse un biberón, o juegos con las comidas (*que viene un avión, abre la puerta*, para abrir la boca...). Acompañe los juegos con canciones, ritmos o retahílas que se repiten y que el mismo niño puede terminar: *tengo, tengo... tengo*; *tu no tienes... nada; tengo tres ovejas,* etc. La música es un buen compañero de juegos, especialmente cuando todavía no se comprende bien el lenguaje. Suele estar presente en nuestra memoria al recordar momentos felices de nuestra infancia.

Cuando quiera disminuir su ansiedad

Como se ha visto, la regularidad que el niño vive le tranquiliza y le da seguridad, pero además puede utilizar otra serie de actividades que le calmen o cuando quiera relajarle porque esté muy excitado.

Relajación. La respiración profunda es un relajante efectivo. Sin embargo, no es fácil si el niño es pequeño y no comprende bien cómo tomar y expulsar aire. Intente mejor darle la indicación de que sople. Las pompas de jabón combinan juego y respiración si le indica la manera de soplar suavemente.

También puede combinar ejercicios con música o jugar a estar quieto unos minutos. Siempre que utilice el juego o la imaginación será más fácil que haga lo que le pide. No olvide mostrar siempre antes lo que le indica por si no comprende bien sus palabras.

Anticipar acontecimientos. Los niños que no entienden bien lo que está sucediendo a su alrededor o que no comprenden bien el lenguaje hablado suelen sentirse desorientados e inseguros. En las primeras semanas, cuando todavía no se comunica con facilidad, puede explicarle las cosas que van a hacer o dónde van a ir con agendas visuales. Este recurso se refiere a utilizar fotos, dibujos o tarjetas por medio de los cuales el niño puede visualizar qué va a suceder a continuación. Puede hacer fotos de la calle, el coche, la casa, el parque, es decir de todos aquellos lugares a donde acostumbren a ir y de las personas que vayan a visitar, para que pueda anticiparlo. Saber cuáles son las actividades del día le hará sentirse más tranquilo y no vivir cambios imprevistos que suelen generar inseguridad y estrés.

Identificar sensaciones. A los niños les ayuda saber qué les está pasando y usted puede ayudar a su hijo a lograr esta tranquilidad. Por medio de ilustraciones o dibujos, represente diferentes actitudes que el niño sea capaz de identificar y compartir con usted. La alegría, la pena, la inquietud, el miedo son fáciles de asociar a imágenes de rostros con estas emociones dibujadas. Vaya poniéndoles nombre a todas ellas y facilite así al pequeño la expresión de sentimientos, lo que se sabe que es una vía para liberarse y sentirse relajado. Los niños al principio sobre todo temen expresar especialmente emociones negativas por miedo a no ser aceptados.

Graduar la actividad. El exceso de estimulación provoca generalmente excitación o hiperactividad. Al principio gradúe la estimulación que le proporciona hasta que vaya viendo cómo reacciona. Comience ofreciéndole juegos básicos como mirar cuentos, construcciones sencillas, lápices para pintar o escuchar música; aunque lo que les gustaría a usted o a su familia sería rodearle de multitud de juguetes sofisticados.

Cuídese usted también

Estas circunstancias en las que el niño se está adaptando son maravillosas porque usted va percibiendo que su hijo va conectando y relacionándose, pero debe buscar momentos para recuperar fuerzas. Para usted también son estresantes muchos de los momentos que afronta. A menudo habrá cosas que no salen como uno desea ni la respuesta del niño será siempre la esperada. No se exija demasiado y prevenga situaciones de estrés que le puedan llevar a perder su buen estado de ánimo.

- Tómese descansos cada vez que sea posible.
- Relájese dando un paseo o haga ejercicio.
- Busque ayuda siempre que pueda para realizar las tareas de la casa a fin de que usted pueda dedicarse al niño.
- Dese un respiro, haga algo en solitario o con su pareja o con amigos.
- Lleve a cabo aquella afición suya que le encanta y que hace tiempo que no realiza.
- Comparta con su pareja, familia o amigos sus sentimientos y emociones.

El lenguaje

Desarrollo del lenguaje

Si su hijo ha sido adoptado en un país donde se habla otra lengua, usted debe ser consciente de que durante ese tiempo previo a la adopción ha recibido una estimulación en dicho idioma, que es el primero que ha oído, aunque aún no lo hable.

En el desarrollo del lenguaje se sabe que la estimulación que se haya producido durante el primer año es importante para su aprendizaje. Lo que primero ha escuchado el niño es una forma de hablar que se compone de una selección de sonidos específicos. Es a partir de los seis meses cuando los bebés empiezan a diferenciar los sonidos correspondientes a su lengua. Esta familiarización y distinción de los sonidos hace que sea capaz de decir en su idioma sus primeras palabras, como *papá*, *mamá* o *agua* en torno al año.

Además de desarrollar esta capacidad, antes de que pueda pronunciar estas primeras palabras, debe ser capaz de comunicarse por medio de gestos y comprender el significado de esa cadena de sonidos cuando los oye.

Una vez en España necesita primero habituarse a su nueva lengua hasta que empieza a hablar (castellano, u otra lengua del Estado). En este proceso el niño está aprendiendo una segunda lengua. Con frecuencia se cree que olvida su habla anterior y que al asimilar su nueva lengua es como si ésta fuera la primera. Es un error considerar que el aprendizaje del idioma original no ha producido efecto en su desarrollo lingüístico. Aunque todavía no hable porque su lenguaje se encuentre retrasado, debe aprender de nuevo todas las asociaciones de sonidos, palabras y significados que ya había adquirido en sus primeros meses. Por ejemplo: la palabra *agua* se dice así en español y *bona* en ruso, lo que implica aprender otra serie de sonidos para expresar una misma cosa.

No es en absoluto extraño (de hecho estamos acostumbrados a observarlo) que el menor adoptado se retrase y su evolución sea lenta, ya que tiene que superar el aprendizaje de un segundo idioma.

Tampoco se puede olvidar que en la población infantil existen grandes diferencias de un niño a otro, aún dentro de la normalidad. Está descrito como, incluso los hijos de familias biológicas que se crían con dos o más idiomas, suelen retrasarse en su desarrollo lingüístico, para nivelarse después.

Cómo aprender a hablar

Además de aprender a hablar, su hijo debe adquirir otros muchos aprendizajes nuevos. Desde la alimentación, las rutinas, las costumbres, la adaptación a su nueva relación emocional y social, etc.

Cuando el niño llega a nuestro país es frecuente que muestre un retraso en varios aspectos de su desarrollo. Al principio tiene una capacidad muy limitada en el lenguaje y, comparado con los niños de su misma edad, la distancia es grande. Sin embargo, a medida que transcurre el tiempo y su adaptación es mayor, el pequeño evoluciona en su desarrollo general (desarrollo motor, social, lúdico, etcétera) y paralelamente en el lenguaje.

El lenguaje se aprende mejor y más rápidamente si hay necesidad de usarlo e interés en comunicarse. Todos tenemos la experiencia de ver cómo un joven puede aprender a gran velocidad el idioma de su novia extranjera. De la misma forma, en la relación afectiva, la motivación influye de modo positivo en el avance.

El aprendizaje del lenguaje se va a ver favorecido por un entorno familiar estimulante y acogedor. En la medida en que el niño se vaya integrando y estableciendo unas relaciones más estrechas con su familia y su medio, sentirá cada vez más interés por la lengua de sus padres adoptivos y también mostrará más facilidad en aprenderla.

Los estudios realizados con niños de adopción internacional indican que alrededor del año o año y medio de estancia con su familia adoptiva, el adoptado alcanza el nivel de los niños de su edad después de ir acortando distancias y notándose menos, poco a poco, su desfase.

Esto no quiere decir que no haya niños que en seis meses hablen y se comuniquen bastante bien. Pero hay que tener en cuenta que el desarrollo lingüístico sigue evolucionando en aspectos más sutiles como la sintaxis, el relato, la comprensión gramatical, dobles sentidos, etc., que son necesarios para otros aprendizajes, como la lectura, la escritura o la asimilación de conocimientos escolares.

Para que el lenguaje evolucione es necesario tener en cuenta también las emociones y cómo estas influyen en el deseo de hablar y en su estado de ánimo. Puede ser que su hijo sepa comprender y decir multitud de cosas pero no se comunica porque se encuentra temeroso o desconfiado o porque teme equivocarse. Necesita sentir interés en comunicar sus propias ideas y encontrar aceptación en la persona que le escucha.

En el caso de niños que proceden de países sudamericanos y que, por tanto, hablan español, hay que considerar que los términos que son frecuentes en su país de origen se utilizan de otra manera aquí o son palabras con un sentido diferente. Estos niños encuentran a veces dificultades para comprender, porque el lenguaje hace referencia a las costumbres y a la cultura del país y pueden confundir expresiones o conceptos.

Algunos padres adoptivos desean que su hijo mantenga la lengua que hablaba antes de ser adoptado. Esta es una posibilidad y una opción y forma parte de los planes de formación y educación que se tengan para el niño.

Pero puede ocurrir que el menor rechace hablar este idioma porque está asociado a recuerdos de su vida anterior que quiere olvidar.

Tenga en cuenta que lo primordial es fomentar el aprendizaje de lo que es una nueva lengua para él, la de sus padres adoptivos, porque esto es lo que va a permitir a su hijo integrarse y adaptarse a su nuevo entorno familiar y social.

También, y como se menciona con posterioridad (ver capítulo 3), procure que su hijo no experimente un exceso de exigencia durante los primeros años posteriores a su adopción ya que tiene que aprender un sinfín de cosas.

Es muy importante que usted conozca y se plantee la capacidad de desarrollo lingüístico del pequeño antes de introducirle en el aprendizaje de uno o varios idiomas a la vez.

Margarita, madre de dos niñas adoptadas en China, quería que éstas mantuvieran su idioma por considerarlo importante y una opción para su futuro profesional. Sus hijas no querían hablar chino y ella respetó sus deseos. Años después empezaron a estudiar mandarín con una profesora particular y más tarde formaron un grupo con otras amigas del colegio (no adoptadas) cuyos padres también estaban interesados en que aprendieran esta lengua.

Dificultades de lenguaje

No piense que el aprendizaje del lenguaje depende sólo del interés que el niño muestre o del cuidado o el amor que los padres pongan en su adaptación. En todos los niños influye además la capacidad lingüística que tengan desde el inicio y antes de ser adoptados.

Existen niños más hábiles en el lenguaje, más rápidos o más comunicativos, mientras que otros son más callados o menos expresivos. Se dan diferencias importantes entre ellos en lo referente a cómo han aprendido a hablar su primera lengua y estas diferencias también se observan en la velocidad y la facilidad que muestran al aprender su segundo idioma.

Además de estas aptitudes, la estimulación requerida para desarrollar el lenguaje adecuadamente no siempre ha sido la óptima y, por tanto, puede existir una carencia que haya afectado este desarrollo.

A veces ocurre que aún poniendo todos los medios y encontrándose bien adaptado, su comunicación no evoluciona y no se le ve avanzar como se esperaba. En su lenguaje se observan problemas de expresión, frases cortas, dificultad para contar cosas, pobreza de vocabulario o pronunciación poco clara. En estos casos es mejor no dudar, no dejar pasar tiempo y consultarlo para determinar si muestra desfase con los niños de su edad.

Es importante considerar el grado de conocimiento que tiene de su lengua de nacimiento, es decir, cual es su nivel, si sabe algunas palabras, habla de forma sencilla o ya sabe hablar fluido. Es diferente el niño que ya habla cuando se encuentra con sus padres adoptivos, al bebé que ha estado sólo unos cuantos meses escuchando su lengua de origen y después tiene contacto con otra. Según se encuentre de evolucionado cuando llegue a nuestro país, sabremos los pasos que tendrá que dar para adquirir su nueva forma de hablar. De esta manera poseeremos un indicio de lo que podemos encontrar a lo largo de su aprendizaje.

Con frecuencia se suele atribuir el retraso que el niño muestra a su condición de adoptado y se tiende a esperar a veces más de la cuenta. Pero el retraso del lenguaje es frecuente en los niños adoptados por las razones que se han expuesto además de otras causas, y no hay que pensar que el tiempo lo arreglará por sí solo.

No olvide que el lenguaje oral es el punto de partida en el que se apoyan otros muchos aprendizajes además de la comunicación social: las enseñanzas escolares, la lectura, la escritura y la comprensión de textos. Un retraso no atendido en el lenguaje puede, por tanto, tener consecuencias en otros muchos aspectos del desarrollo del niño.

Señales de alarma

Si observa dificultades en la comunicación de su hijo, no dude en acudir a un profesional que le indicará si es conveniente seguir alguna terapia. Aquí tiene algunas señales de alarma de las pautas de desarrollo normativas:

	Señales de alarma
18 meses	• No comprende lo que se le dice. • No hace gestos para comunicarse, no señala, no le muestra cosas. • No dice palabras (*pi-pi* por «pollo», *ame* por «a comer»). • No mira.
2 años	• No dice palabras básicas (relacionadas con sus padres, sus juegos, situaciones cotidianas importantes para él, aseo, comida, etc.). • No comprende órdenes sencillas.
3 años	• Tiene poco vocabulario. • No elabora frases de dos o tres palabras.
4 años	• El habla es poco inteligible. • Las frases son muy simples (sólo tres palabras).
5 y 6 años	• Sigue teniendo dificultades de pronunciación. • Altera el orden de las frases. • Las oraciones son simples. Le cuesta narrar una historia. • No sigue una conversación.

Desarrollo normal

Para saber qué podemos esperar a lo largo del aprendizaje, conviene que sepamos cómo evolucionan los niños cuando aprenden a hablar. Estas pautas suelen ser las habituales en los niños de la población infantil general, no en los niños adoptados.

Primer año. Durante el primer año no atienden sólo a la comunicación verbal. Se guían y orientan por medio de la observación de la conducta de los adultos, de su lenguaje no verbal. Esto quiere decir que, aunque no comprendan las palabras que les decimos, ellos tienen desarrollada la capacidad para captar lo que sucede, viéndonos actuar. El pequeño averigua que puede reclamar la atención de los adultos utilizando el sistema gestual (mirada, gestos faciales, señalar, etc.), para más tarde sustituirlo por otra forma de comunicación más compleja como son las palabras y su combinación.

De los 12 a los 20 meses. Después de esta etapa, el niño aprenderá a comunicarse por medio de palabras aisladas. Comprende el lenguaje ligado al contexto. Sabemos que en el aprendizaje de una segunda lengua estos patrones evolutivos pueden retrasarse.

De los 20 a los 24 meses. A medida que el pequeño evoluciona, sus primeras palabras suelen ir acompañadas todavía por gestos y por entonación. Comprende lo que se le dice o manda. El primer vocabulario que el niño aprenderá hace referencia a objetos y personas familiares de su ambiente inmediato, como los nombres de personas, juguetes, comidas, juegos, etc. Ahora empieza a construir oraciones de tres o más palabras, a las que ya incorpora determinadas inflexiones, como «*Mamá ame pan*» o «*Quero juga a muñeca*». Es normal que todavía no domine todos los elementos, como artículos, preposiciones, tiempos verbales, etc.

De los 24 a los 36 meses. Es en torno a los tres años cuando sus frases se hacen complejas y se inicia en la conversación real. Se vuelve más experto en el campo de la relación social, mejora la comunicación con los demás y es capaz de contar cosas que le han sucedido de forma sencilla.

De los 36 a los 48 meses. A esta edad se produce un gran avance. Es el período en que se observa mayor evolución en el lenguaje, especialmente en el dominio de oraciones cada vez más complicadas. Su lenguaje se perfecciona y adquiere precisión, disminuyendo los errores en todos los órdenes. La comprensión aumenta, es capaz de entender instrucciones sin requerir explicaciones o claves visuales.

Después de los 5 años. A partir de ese momento el niño adquiere la capacidad de utilizar el lenguaje casi como un adulto, de comprender sentidos figurados, distanciados del significado literal, y sabe ya cómo relacionarse con otros y adaptarse a una conversación sin problemas. En la medida que establezca un vínculo estrecho con sus padres la comunicación también se verá favorecida. Cuanto mayor sea su deseo de comunicarse, más probabilidades tendrá de que evolucione su lenguaje.

Cómo favorecer el lenguaje

Observe el lenguaje de su hijo, cómo lo utiliza para relacionarse con él y estimúlele para que progrese. Cuando se retraiga o sea reticente a contestar no es conveniente forzarle a hablar. Es mejor esperar a que se encuentre en otro estado de ánimo e intentarlo después. Pero tampoco hay que desistir. Busque esos momentos en que se realizan las actividades normales del día, la comida, el aseo, el paseo hacia el parque, situaciones que facilitan conversar con el niño. También será más fácil que hable durante el juego libre o poco reglado.

No puede olvidar que los niños se acostumbran a hablar en la medida en que los adultos les animan y les muestran cómo hacerlo. No le obligue, ni le interrogue; es preferible empezar contando usted cosas que le pueden interesar, darle el ejemplo de cómo decirlo y dejarle tiempo para que él participe. El lenguaje es un medio de autoexpresión y la espontaneidad es el mejor aliado.

Al principio, cuando todavía no sabe hablar bien
• Escuche lo que quiere decir. Atiéndale. Mírele a la cara. • Háblele despacio y claro. Procure que su forma de hablarle sea sencilla. • Utilice muchos gestos para acompañar sus palabras. Le ayudará a comprender lo que le dice. • Sea paciente, dele tiempo para expresarse y buscar las palabras, quizás tarde un poco más en ello. • Siga la iniciativa del niño, respóndale, haga comentarios. Procure que no sea un interrogatorio, intercale observaciones, afirmaciones, expresiones. • No se anticipe, déjele expresarse. • Dele a entender que disfruta hablando con él. • Para saber de qué hablar, escuche qué es lo que le interesa, de qué habla cuando toma la iniciativa. Todo ello le guiará. • Si le oye decir algo de forma incorrecta, no importa, no le pida que lo repita. Simplemente dígalo usted bien a continuación. Con esa corrección indirecta es suficiente, ya lo aprenderá si le escucha y así no se sentirá mal. • Haga pausas entre palabras y frases. Enfatice lo que le dice. • Si el niño dice poco o sólo vocaliza o hace gestos, interprételos. Ponga las palabras que él diría en ese momento. • Dé usted la respuesta si el niño no responde. • Imite siempre lo que él dice, así sabrá que usted está interesado. • Háblele con frecuencia, pero déjele tiempo para que intervenga también. Es necesario que establezca conversaciones según su capacidad en cada momento. • Hable del aquí y ahora. Describa, cuente lo que ocurre o lo que usted vaya haciendo. • Recoja lo que él dice, pero no se preocupe por posibles errores. Es preferible seguir hablando, sin interrumpir la conversación. • Cuéntele cuentos con imágenes, que relate con sus propias palabras.

Cuando el niño ya tenga un nivel de lenguaje para conversar, habrá determinadas situaciones en las que se encontrará a gusto y sentirá deseos de contar cosas, hablar y establecer un diálogo. No se trata sólo de que el niño responda, sino que atienda, que aprenda a escuchar y que conteste en consecuencia.

En la medida que el hijo establece un vínculo estrecho con sus padres, la comunicación también se ve favorecida. Cuanto mayor es su deseo de comunicarse, mejor evoluciona su lenguaje.

Cuando el niño ya sabe conversar
• Reserve unos minutos al día para comentar lo que ha ocurrido durante la jornada. • Implique al niño en conversaciones, en hacer planes y comentar cosas. • Escúchele atentamente cuando hable. • Cuéntele cosas que les interesen a ambos, le atenderá más. • Anímele a compartir y hablar con otras personas, con abuelos, primos o amigos. • Aproveche el tiempo de las comidas para hablar. Anime a toda la familia a participar. • Léale libros, con imágenes y coméntelos con él. Pídale que cuente una historia o que explique su parte favorita. • Céntrese en el contenido de lo que le dice, no en cómo lo dice, aunque cometa errores. • Vea con él la televisión, los vídeos, etc., y coméntelos. • Enséñele a usar el teléfono. • Juegue con las palabras, con rimas, poesías infantiles. • Cante con él, enséñele canciones, que las recuerde y repita. • Apague la televisión o evite cualquier distracción cuando quiera hablar con su hijo. • El ruido de fondo o la música pueden distraer al niño y le puede resultar difícil atenderle.

La familia

Cuando usted realiza un ofrecimiento para adoptar a un hijo, no sólo ofrece unos padres al menor susceptible de ser adoptado. Este ofrecimiento va acompañado de una familia, unos amigos, una sociedad, una cultura y un país donde el niño se va a tener que adaptar e integrar.

Casi todos los futuros padres adoptivos afirman durante el proceso de adopción que el proyecto y el deseo de ser padres adoptivos son conocidos por su familia y sus amigos, y que éstos esperan ilusionados la llegada del niño al seno familiar. La espera es larga y ellos proporcionan apoyo y mantienen las esperanzas cuando se sufren altibajos. Para muchos familiares, el menor adoptado será incluso el primer nieto, sobrino o primo. Por lo tanto, la adopción de un menor llega a ser una «cuestión familiar», aunque la decisión corresponda a los futuros padres.

Esta situación es todavía más relevante en el caso de las adopciones monoparentales. Hay familiares que acompañan al futuro padre o madre a recoger el menor a su país de origen y el papel de la familia extensa es incluso más importante, ya que en el caso de que algo le ocurra al progenitor, quizás deberá ser la familia quien se haga cargo del niño.

Ya se sabe que los abuelos tienden a mimar más al nieto y, como se dice, los padres educan y los abuelos, a veces, malcrían porque desean compensar las carencias y porque ya educaron en el pasado y ahora quieren relajarse y disfrutar del pequeño. Hable con los abuelos y tíos y procure que el niño reciba siempre el mismo mensaje: somos tu familia y te queremos.

Con los primos, sobre todo si son de edades parecidas, la relación será más de amistad, aunque no sean unos amigos elegidos como los que conocerá cuando vaya al colegio: los primos son, además, su familia y siempre van a estar ahí. Tanto si se pelean como si se llevan bien, si juegan juntos o se ignoran, hay que dejar claro que se han convertido en primos para el resto de sus vidas.

Por otra parte, establezca límites con sus allegados, no se deje invadir, no renuncie a su intimidad. Incorpore a la familia extensa poco a poco, siempre con calma y tranquilidad, y muy especialmente al principio. Es importante que el niño haga una correcta identificación de las personas que le rodean: padres, abuelos, tíos, primos, etc. Y, al mismo tiempo, sea generoso: permita a su hijo recibir amor por parte de todos sus familiares y que pase tiempo con ellos. Hágale partícipe de la riqueza que implica vivir en familia y tener diferentes relaciones afectivas.

«Nuestra hija conoció a su prima segunda, que es de la misma edad y vive en otra ciudad, dos años después de la adopción. Se ven sólo los veranos y apenas dos o tres días, pero han enlazado muy bien, se recuerdan y disfrutan mucho juntas cuando conseguimos reunirnos. Cuando sean algo más mayores queremos que pasen algunas temporadas en común. Les gusta mucho saber que son familia.»

Hermanos adoptivos

Cuando se ha adoptado un grupo de hermanos –normalmente dos–, la vuelta a casa desde su país de origen y la convivencia diaria exigen a los padres un doble esfuerzo, ya que hay que dedicar tiempo a cada uno. Cada hijo tiene sus propias necesidades y no tienen por qué ser las mismas, ya que su experiencia de vida puede haber sido distinta.

La edad de cada uno puede haber marcado diferencias –aunque no necesariamente– porque el mayor haya pasado más tiempo en el orfanato o, si fueron separados de sus progenitores a la vez, por haber vivido durante un período más amplio en el hogar familiar. La separación, por lo tanto, habrá sido una experiencia diferente para cada uno de ellos.

Si además, al llegar a España, el mayor tiene que ir al colegio y el pequeño no (podrá ir o no a una guardería, a elección de los padres), la diferencia entre ambos también quedará establecida. Hay que hablar con ellos y explicarles las razones de estas situaciones distintas.

En el caso de que hablen un idioma diferente al de los padres, entra en juego otra variable y es que nadie les entiende cuando se comunican entre sí y esto puede unirles frente a lo que les rodea, que es todo nuevo; o separarles, porque cada uno quiera ganarse a los padres antes que el otro, lo que puede provocar celos y discusiones en los que los padres no pueden mediar, porque no comprenden lo que dicen.

En todo caso, el vínculo entre los hermanos es permanente, de por vida, y esto resulta especialmente beneficioso durante ese complicado período que es la adaptación, en el que se tendrán el uno al otro, por lo que esta etapa se verá así favorecida.

Pero puede que los hermanos adoptados no sean hermanos biológicos. Hay muchas segundas y, aunque en menor número, terceras adopciones. En la mayoría de los casos, la tendencia es repetir con el país de origen en el que se realizó la primera adopción, aunque, en algunos casos, esto no es posible (el país se ha cerrado a la adopción internacional, han cambiado los requisitos, etc.).

Muchos padres creen que la segunda adopción será más fácil, porque cuentan con el bagaje y la experiencia de la primera. Pero esto no siempre es así; la primera adopción ha podido ser muy positiva y, por lo tanto, los padres ya tienen información de primera mano sobre el país de origen y el proceso de adaptación. Pero cada niño es un mundo, y los pasos que hay que seguir en el proceso de adopción van a ser distintos, por lo que los padres deben pensar que la experiencia anterior es posible que no sirva para la segunda paternidad adoptiva.

Además, puede suceder que el ofrecimiento de adopción se haga en un país de origen distinto, y en ese caso entran en juego otros muchos factores, como otra raza, costumbres diferentes u otra cultura.

Así, lo único que se repite es usted como padre adoptivo y, como al menos ya ha pasado por ello, tiene un cierto conocimiento previo que le ayudará a enfrentarse a este nuevo desafío. Por lo tanto, las dudas suelen ser menores que cuando se adoptó por primera vez. Además, se añade el hecho de que debe construirse desde el primer día la relación fraterna entres sus hijos adoptivos. Es muy probable que viva algunos momentos de incertidumbre.

«Otra pareja que como nosotros ya tenían la asignación y estaban a punto de adoptar su segundo hijo nos comentaron su desasosiego, que consistía en que dado lo bien que les había salido la primera adopción quizás se estaban arriesgando a una

situación que podía salir mal con el agravante de que arrastrarían a ella a su primer hijo. Les confesamos que a nosotros nos ocurría exactamente igual. Luego supimos que era un miedo de última hora, muy normal en las segundas adopciones.»

Por lo tanto, se puede afirmar que la adopción de hermanos es un reto y una aventura aún mayor que la adopción de un solo hijo, pero también es una ayuda importante para la relación entre los hijos, ya que favorece la adaptación y el establecimiento de vínculos afectivos y de pertenencia.

Cuando hay hijos biológicos

Muchos padres deciden adoptar un menor aun cuando ya son padres biológicos de uno o más hijos. Las razones que suelen expresar son que siempre desearon tener más hijos, que vienen de familias numerosas o que tuvieron una buena experiencia al crecer con más hermanos. Por tanto, desean ofrecer esta posibilidad a sus hijos biológicos y adoptados.

Se ha comentado que la existencia de hermanos favorece la adaptación, pero los padres deben reflexionar sobre la importancia que la adopción de un hermano puede tener para los hijos biológicos. Hay que tener en cuenta que la incorporación de un nuevo miembro a la familia introducirá cambios importantes, que probablemente alterarán el equilibrio familiar del que se disfrutaba. Por un lado, el hijo biológico se convertirá en hermano mayor y, aunque ganará ascendencia sobre el menor, también va a perder protagonismo, lo que puede llegar a suponer un problema, como también pasa a menudo entre hijos biológicos.

Asimismo, es conveniente pensar cómo vivirán sus hijos, biológicos o no, la incorporación de un niño que puede presentar dificultades o tener una edad muy diferente a la de los hermanos. Se sabe que los hermanos de niños con problemas en el desarrollo o que presentan trastornos que requieren una atención muy especial se ven afectados por la disminución del tiempo o el tipo de atenciones que sus padres pueden dedicarles y que el nuevo hermano precisa. El hermano mayor o menor que vive situaciones de este tipo, si se prolongan, tiene también riesgo de presentar problemas en el futuro.

Tenga mucha paciencia y procure involucrar a su hijo biológico en el cuidado y las atenciones que recibe el que es su hermano pequeño a partir de ese momento. Igualmente sea consciente de la menor disponibilidad que va a tener para con su hijo y que él le va a echar en falta, como ocurre en todas las familias. Trate de compensar esas diferencias, porque, por mucho que las explique, los niños, incluso mayores, no entienden por qué ya no reciben la misma dedicación que antes de sus padres.

La existencia de hermanos será, además, una ayuda a la hora de enseñar a los hijos a compartir. Es una de las razones que argumentan los padres cuando piensan en tener un segundo hijo. Hasta la llegada del hijo adoptado, el hijo biológico era el único y no tenía que repartir con nadie el cariño de sus padres, ni su espacio en el hogar familiar, ni su dormitorio, ni su baño, ni sus juguetes.

> *En una excursión con adultos y tres hijos únicos de corta edad, amigos entre sí, éstos expresaron su deseo de comer y, entre otros alimentos, había un solo plátano que a los tres les apetecía. Se les indicó que tendrían que compartirlo, lo que les extrañó a los tres hasta el punto de que uno preguntó qué significaba «compartir».*

En este mismo sentido, con el ejemplo que dan los padres, se favorece la inclusión en la rutina diaria de valores que se desea transmitir a los hijos, como el amor, la generosidad y la tolerancia.

Pero también se presentan otro tipo de desafíos en el día a día. Es lógico que usted no vaya a hacer distinciones entre el hijo biológico y el adoptado simplemente por esta particularidad, pero sí va a tener que hacer concesiones que sus hijos pueden interpretar como diferencias. Por ejemplo, es posible que su hijo adoptivo, por consejo del pediatra, tenga que realizar unas comidas fijas al día con determinados alimentos. Usted tendrá que mostrarse firme y cumplir estas indicaciones, auque quizás hasta ese momento era más flexible con su hijo biológico en lo relativo a comidas y alimentos. De la misma forma cuando los padres envían a su hijo biológico a su cuarto, a dormir y sin contarle un cuento, como reprimenda por haberse portado mal durante la cena, en el caso de que esto ocurra con el hijo adoptado, éste puede sentirse rechazado si le envía a su habitación o si le da miedo la hora de irse a la cama.

A desafíos de este tipo, a estas concesiones en la vida familiar, será a los que usted se va a tener que enfrentar a diario como padre de hijos biológicos y adoptados. Tenga paciencia, sea flexible, no haga diferencias injustificadas y dedique tiempo a explicar las razones por las que actúa de una determinada manera, pero nunca utilice como justificación o motivo el hecho de que se trate de uno u otro hijo.

Y a pesar de esto, prepárese para escuchar las frases: «*Claro, como es adoptado*» o «*Claro, como es biológico*» por parte de sus hijos y en contra de su hermano. Recuerde que frases del mismo estilo se emplean entre hermanos biológicos *(«Claro, como es tu favorito»* o *«Claro, como es el mayor, o el pequeño»),* porque forman parte del juego y de la relación entre hermanos y a su vez entre éstos y sus padres.

Mascotas

En nuestra sociedad es frecuente que las familias y los hogares tengan mascotas, entendiendo por tales los animales de compañía, como perros, gatos, hámsteres o cobayas, pájaros, peces o incluso otros animales más exóticos. Estos animales suelen ocupar un lugar importante en el hogar, son muy queridos por sus dueños y reciben cuidados y atenciones especiales. La mayoría de las personas dueñas de mascotas afirman que éstas son una responsabilidad, pero también una fuente de alegría y que devuelven con creces todo el cariño que se les proporciona.

No hay que extrañarse si el menor adoptado tiene un comportamiento con la mascota diferente al que nosotros esperaríamos; pueden tenerle miedo al principio, por falta de costumbre de tratar con mascotas, rechazarlo por motivos culturales, por celos o puede surgir un problema de salud, ya que no es infrecuente el desarrollo de alergias.

Si el rechazo es por motivos culturales, se recomienda tener mucha paciencia y explicar tantas veces como sea necesario al menor adoptado el papel que desempeña la mascota en la familia y en el hogar. Es bueno hacer partícipe al hijo adoptado del cuidado diario de la mascota (alimentación, higiene, etc.), para que se familiarice con ella, y también incluirlo en las actividades de ocio, como el paseo o los juegos.

En referencia a lo anterior hay que señalar que existe una clara diferencia cultural entre nuestro país y la mayoría de los países de origen de los menores adoptados: algunos de estos animales considerados por nosotros de compañía forman parte de su dieta alimenticia, por lo que la reacción del menor adoptado ante la mascota puede sorprendernos. Habrá que tener en cuenta esta diferencia cultural a la hora de hablar al menor adoptado sobre su país de origen, cuando sea el momento adecuado para tratar este tema.

También puede producirse el rechazo por celos y en este sentido hay que resaltar que lo más importante es la calidad de la atención y del tiempo que se dedica al menor adoptado, y no tanto la cantidad de tiempo que estamos con nuestro hijo.

El hijo adoptado no se puede sentir inseguro con respecto al lugar que ocupa en la familia ni con respecto al cariño que recibe. Su buena adaptación depende en gran parte de cómo se sienta y de los lazos afectivos que se desarrollen.

Y no hay que olvidar que todas estas reacciones –rechazo, aceptación, celos, etc.– también pueden producirse en la mascota. Existen muchos ejemplos en los que un animal de compañía dócil ha desarrollado comportamientos hostiles y agresivos cuando un niño, sea biológico o adoptado, llega al hogar familiar. Es responsabilidad de los padres adoptivos estar atentos a estos posibles cambios en las reacciones del animal y tomar las medidas protectoras oportunas.

A pesar de todas las prevenciones anteriores, sí se puede afirmar que por lo general las mascotas son una buena compañía para los niños y facilitan la adaptación de los hijos adoptados al nuevo entorno familiar y social. La mayoría de los padres adoptivos resaltan entre los valores que quieren transmitir a sus hijos el respeto a las personas y a la naturaleza, incluidos los animales.

El ejemplo paterno diario cuidando y atendiendo a las necesidades de la mascota, facilita muchas veces la educación de los hijos. De esta manera, será más probable que el menor adoptado desarrolle el respeto por su entorno si ve los comportamientos adecuados en la rutina familiar. También influyen los conceptos de responsabilidad y compromiso, ya que a las mascotas hay que cuidarlas y no se las puede abandonar simplemente por conveniencia en un momento determinado.

En otro orden de cosas, observar cómo se comporta el niño con una mascota puede proporcionar información importante sobre su carácter, ya que a través de esta relación revelará aspectos de su personalidad tanto positivos –ternura, cariño o sensibilidad– como negativos –crueldad o agresividad–. Si se diera el segundo caso, facilitaría la prevención, al ser detectados de manera temprana, y se podría trabajar con ellos para modificarlos poco a poco y a diario.

Conocer al hijo y su carácter lo mejor posible y cuanto antes facilita la futura relación padres-hijos. Es muy importante no engañarse respecto al hijo a la hora de corregir un determinado comportamiento no esperado, con la seguridad de que así se podrá eliminar.

Reacciones del entorno: cómo responder a la curiosidad ajena

Cuando usted sea padre adoptivo, se encontrará frecuentemente hablando y contestando preguntas que a los padres biológicos no se les plantean.

Un padre se encontraba en un centro comercial y de ocio con sus dos hijas adoptadas en China y se encontró con un señor al que no conocía de nada y que resultó ser padre de otros dos niños adoptados en China. Inmediatamente se pusieron a hablar de sus mutuas experiencias y se hicieron amigos.

Ésta es la parte positiva de la curiosidad que despierta y la simpatía que se manifiesta hoy en día hacia la adopción y los niños adoptados. Porque es verdad que actualmente adoptar un niño está valorado socialmente, al asociarse a conceptos muy positivos como el amor, la solidaridad, el respeto hacia otras culturas, la generosidad y la tolerancia.

Una madre americana que llevaba un tiempo viviendo en Madrid estaba muy contenta con su vida en su barrio, ya que conocía a todos los comerciantes de la zona. Cuando llegó su hijo adoptado, todos volcaron su simpatía y cariño hacia el niño, al que le encantaba salir a la calle y ver a todas estas personas que, por otra parte, eran unos desconocidos.

Otro aspecto positivo de la curiosidad ajena que la gente demuestra por el hijo adoptado es la búsqueda de información sobre el proceso de adopción y sobre la experiencia personal del padre que ha terminado adoptando un hijo: ¿cómo lo hizo? Así, a través del intercambio y la puesta en común de información se ha despertado en muchos casos en otros padres la idea y el posterior deseo de adoptar un menor. Por lo tanto, sea lo más sincero posible sobre su experiencia personal y cuente tanto lo positivo como lo negativo.

En la mayoría de los casos, la tendencia de los padres adoptivos una vez que el hijo está viviendo con ellos es olvidar todo lo negativo y quedarse sólo con las experiencias positivas, que es lo que se tiende a transmitir. Es beneficioso que esto sea así, porque su hijo adoptado se lo merece. Pero, a la hora de transmitir información, procure ser lo más objetivo posible y recordar también las etapas más duras, porque los futuros padres adoptivos tendrán que pasar por ellas. Y, por supuesto, con respecto a valorar cualquier aspecto de la experiencia adoptiva, el límite debe estar en lo que usted considere privado e íntimo.

Pero puede haber también un aspecto negativo en la curiosidad, si ésta llega a la morbosidad, al cotilleo y a la crítica. Esta es una realidad... difícil. La gente puede plantear preguntas impertinentes e incómodas de contestar. Siéntase seguro y orgulloso de ser padre adoptivo y de tener un hijo adoptado. Desde esta tranquilidad le resultará más fácil responder a todo tipo de preguntas, o superar situaciones cuanto menos curiosas, cuando no desagradables. Vívalo de manera positiva, conteste con naturalidad, pero también ponga límites y no se deje avasallar.

Todo lo anteriormente expuesto es más fácil de decir y de hacer si cuando surgen las situaciones difíciles nuestro hijo adoptado no está delante. Normalmente, una pregunta o un comentario impertinente que se produce estando presente el menor despierta el deseo de protección y se reacciona de forma excesiva, creando una situación que al hijo le puede llamar aún más la atención.

Recuerde que un simple comentario hecho de pasada y que a lo mejor su hijo ni siquiera ha escuchado porque no prestaba atención mientras paseaba feliz comiéndose un caramelo, no tiene por qué resultar dañino. No permita que el menor sea testigo de un rechazo o una discusión en la que usted se altera y él sea el protagonista del conflicto de manera involuntaria.

Si esto sucede, explíquele con calma, tranquilidad y mucho cariño que hay personas buenas y otras que no lo son tanto, que hay gente simpática y generosa y otra que no lo es.

También es importante que haga entender al niño cuando ya es mayor que no tiene obligación de contestar a los interrogantes de otras personas. Estas cuestiones son de índole íntima y pertenecen a la historia de su hijo. Nadie ajeno tiene por qué indagar en su pasado ni curiosear sobre sus emociones o sentimientos. Usted también debe saber que no está obligado a responder a desconocidos que, con buena voluntad probablemente, opinan y quieren saber sobre asuntos que conciernen a su familia.

«Una mujer me preguntó en la calle, señalando a mi hijo etíope: "Es adoptado ¿verdad?". "Sí señora –le contesté y le pregunté a mi vez–: ¡Vaya! ¿Usted también es adoptada?" "¡Uy, no, no! ¡Yo no!", me respondió. Y es que a veces que te aborden con tan poca cortesía y tan poco cuidado hacia tu hijo te subleva. No hay que perder la calma. Hay que contestar con educación pero con firmeza y resolución.»

Tenga siempre presente que ser padre supone convertirse en el modelo de conducta para su hijo adoptado. A partir de ese momento, sus reacciones van a ser observadas, estudiadas y asimiladas por el niño, porque es usted su figura de referencia y las reproducirá en el futuro cuando se enfrente a situaciones parecidas.

Esto puede resultar incluso más patente si su hijo es de una raza diferente. El que pueda ser objeto de burla o rechazo por personas racistas es una posibilidad en la vida de su hijo. La forma en que usted reaccione, cómo hable de las diferencias raciales y culturales y de las desigualdades, es lo que su hijo va a hacer suyo y va a imitar en el futuro, cuando tenga que responder él personalmente o defender sus derechos (ver capítulo 4, «Afrontar burlas»).

Los padres adoptivos, cuando se refieren a los valores que quieren inculcar a sus hijos, suelen hablar de tolerancia y respeto. Al hacer el seguimiento, también manifiestan que la llegada del menor adoptado ha enriquecido sus vidas, la de sus familiares y amigos, porque uno se plantea cuestiones y se hace reflexiones a diario sobre temas que, de lo contrario, podrían no afectarle, y sobre los que incluso ni se formarían una opinión. Un hijo es, de alguna forma, una fuente de conocimiento y crecimiento personal para los padres y demás integrantes de su círculo familiar y social.

Pero no utilice a su hijo adoptado como un elemento de lucha en una cruzada social por la igualdad racial que usted pueda haber elegido siendo ya un adulto responsable y que el niño ni entiende ni conoce, ni probablemente quiera entender ni conocer. Y así debe ser.

Visita al pediatra

Estudio médico específico

Los niños adoptados en países en vías de desarrollo han estado sujetos muchas veces a unas condiciones sociales y sanitarias por debajo de los mínimos deseables, por lo que arrastran en ocasiones una pesada carga de problemas físicos y psíquicos.

A su llegada a España se hace imprescindible acudir a una consulta de pediatría para que se les realice un examen físico completo, se soliciten exámenes complementarios de diagnóstico y se revise la cartilla de vacunas. En el examen físico ya se pueden detectar problemas como desnutrición, cardiopatía congénita, problemas dermatológicos, alteraciones del crecimiento y psicomotoras, etc. La analítica a solicitar es estándar, pero según lo que se encuentre en el examen físico, las pruebas pueden ser complementadas con otras, que nos ayuden a efectuar un diagnóstico más preciso, si tenemos alguna sospecha específica. Con la analítica estándar se pretende diagnosticar las enfermedades más comunes en estos niños, sobre todo infecciosas y hematológicas.

Revacunación

En esta primera consulta uno de los temas que más dudas suscita es la necesidad o no de volver a vacunar al niño. Los padres acostumbran a preguntar: «*¿Necesita mi hijo ser revacunado?*».

En primer lugar hay que definir lo que se entiende por *revacunación* o reinmunización, esto es la administración de una vacuna que había sido administrada previamente.

Los certificados de vacunación que acompañan a los niños deberían ser prueba fehaciente de que están correctamente vacunados. Aún así los niños adoptados en orfanatos chinos y del este de Europa suelen estar vacunados de manera inadecuada. Por el contrario, los niños adoptados en América Latina y en la India por lo general se encuentran debidamente protegidos. Por este motivo, la recomendación es que todos los niños que tengan tres o menos dosis de la DTP o polio deberían ser revacunados, mientras que los que presenten más de tres dosis deben tener los títulos de anticuerpos específicos determinados y, en caso de que sean susceptibles, ser revacunados.

La vacunación es un tema que preocupa a los padres, pero que en una sociedad como la nuestra, con un sistema nacional de salud bien estructurado y funcionando razonablemente, se resuelve sin contratiempos siempre que el niño siga la pauta mínima de consultas pediátricas y los padres atiendan a los consejos que sobre el tema el pediatra va a ir dispensando.

Un niño que vive en España y tenga el calendario de vacunas completo, sólo necesita una revacunación sistemática de hepatitis B, tétanos y difteria, entre los 12-14 años, dependiendo de la comunidad autónoma de residencia. La revacunación de la hepatitis B se hace en tres dosis, a los 0, 1 y 6 meses, y la del tétanos en una sola dosis, idealmente con la vacuna triple acelular tipo adulto DTPa (difteria + tétanos + tos ferina) o con la TD tipo adulto (tétanos + difteria). A partir de ese momento, cada diez años se debe revacunar con la TD excepto si requiere una dosis adicional de vacuna por tener una herida extensa, con pérdida de tejido importante y sucio: en ese caso se administrará una dosis de refuerzo de TD, si han pasado más de 5 años de la última dosis recibida.

En relación con la vacuna triple vírica (sarampión + rubéola + paperas), si el niño no recibió una segunda dosis entre los tres y seis años de edad, como puede haber pasado con los adolescentes que tienen ahora entre 13 y 16 años, debe ser reinmunizado con esta vacuna, con excepción de las adolescentes embarazadas o que puedan estarlo en los tres meses posteriores a la vacunación.

Casos especiales son los menores que sufren enfermedades crónicas y que pueden padecer enfermedades infecciosas graves que, en niños normales, no causan mayores problemas: estos niños deben seguir escrupulosamente el esquema de revacunaciones indicado por su médico.

Los niños que viven en países tropicales y subtropicales y que tienen acceso a consultas de pediatría regulares, siguen un calendario vacunal semejante a los niños españoles, con algunas diferencias que tienen que ver con la epidemiología de algunas enfermedades infecciosas en esas regiones, como puede ser la vacunación sistemática de todos los recién nacidos con el BCG (vacuna antituberculosa) y la vacunación de fiebre amarilla de los niños mayores de seis meses de edad que residen en áreas endémicas o donde se ha iniciado una epidemia de fiebre amarilla. En cuanto a la primera vacuna, sólo se revacuna con el BCG en el caso de un niño que haya estado en contacto íntimo con un enfermo con tuberculosis pulmonar, que presente una prueba de la tuberculina negativa y esté asintomático.

En resumen: si ha adoptado un niño menor de 12 años de edad proveniente de un país en vías de desarrollo (incluidas las ex repúblicas socialistas soviéticas, Rusia y países del este de Europa) su única preocupación en relación con las vacunas es que tenga todas las dosis correspondientes a un niño español de su edad y que éstas estén correctamente señaladas (con fechas, dosis y sellos oficiales) en el libro de vacunas que el niño haya traído. Para eso debe enseñárselo al pediatra para que éste observe si todo está correcto. En el caso de que adopte un niño mayor de 12 años de edad, aparte de revisar su libro de vacunas y cerciorarse de que el calendario está completo, sepa que necesitará las revacunaciones de la hepatitis B, tétanos y difteria.

Dermatosis

Muchos padres adoptivos cuando relatan el encuentro con su hijo hacen mención especial al aspecto seco, deshidratado, a veces con erupciones o escaras que presentaba la piel del niño la primera vez que lo abrazaron. O, en caso de niños pequeños, a la terrible irritación que escondían los pañales. Es frecuente que los niños adoptados presenten algún tipo de problema de piel debido a las condiciones negativas y de falta de higiene de su vida en el orfanato y a la falta de cuidados específicos. Las dermatosis tienen mucho que ver con los estados de desnutrición y es un motivo por tanto para que los niños adoptados las sufran. Las más comunes por esta causa son las atópicas y las de contacto. También la dermatitis del pañal es muy habitual en los niños adoptados más pequeños por el uso continuado del mismo y la poca higiene.

Dermatitis atópica

La dermatitis atópica es una de las afecciones cutáneas más frecuentes de la infancia. La enfermedad varía con la edad del paciente. El picor es el síntoma principal y puede ser extremadamente intenso. En el caso de los niños pequeños se pueden encontrar agitados, pueden perder el apetito, dormir poco y llorar frecuentemente.

En primer lugar deben evitarse todos los factores desencadenantes o que agravan la enfermedad: el uso de prendas de vestir con fibras sintéticas (sólo se deben usar prendas de algodón), el calor (o a veces el frío húmedo), la sudoración excesiva, el jabón, el agua (especialmente la de las piscinas, con un contenido de cloro más elevado), la exposición al sol y el estrés. Para la higiene personal se deben utilizar productos del tipo de aceites de ducha y cremas hidratantes con avena.

Dermatitis de contacto

La dermatitis de contacto puede ser producida por una reacción alérgica causada por sustancias sensibilizantes, como las plantas, algunos medicamentos y algunos cosméticos. La causa real varía con la zona geográfica y el clima: la mayoría de los casos ocurren en verano y primavera.

La dermatitis por plantas se presenta generalmente de uno a tres días después del contacto, pero puede no aparecer hasta una semana después. Se desarrolla una zona hinchada y rojiza, en la zona de contacto con la planta. Otras veces se presenta con forma lineal y rojiza.

Las zonas más afectadas son las manos, la cara y los tobillos, pero se puede extender indirectamente a otras zonas del cuerpo, por el contacto de las manos y dedos que contienen el producto alergénico.

En el tratamiento el paciente debe evitar la irritación provocada por el rascado y el contacto con el producto causante. Se recomienda acudir al médico para que diagnostique el problema adecuadamente y proponga el tratamiento preciso.

Dermatitis del pañal

Es una dermatitis muy común que se desarrolla y puede prolongarse mientras el niño use pañales. La incidencia es mayor en climas húmedos y cálidos y cuando se usan pañales de goma o de plástico. Además, los niños con dermatitis seborreica o atópica son más susceptibles de sufrir este tipo de dermatitis.

El síntoma es una erupción habitualmente en las zonas en contacto con el pañal (nalgas, zona pubiana, parte inferior del abdomen y superior de los muslos). El lactante puede estar inquieto e irritable, llorando cuando le cambian.

Para el cuidado deberán cambiarse los pañales con frecuencia y evitar que la piel esté húmeda durante mucho tiempo. No se deben utilizar bragas ni pañales de goma o de plástico ni usar polvo de talco a discreción. Las lesiones graves necesitan la aplicación de cremas especiales que debe recomendar el médico especialista.

Parasitosis intestinales

Los parásitos intestinales son microorganismos de distribución mundial, siendo bastante más frecuentes en los países de clima cálido y donde el saneamiento básico y los hábitos higiénicos son precarios. Se trata de infecciones íntimamente ligadas a la manipulación de alimentos con las manos sucias y al uso de agua no potable, tanto para beber como para lavar los alimentos y para el riego.

La mayoría de estos parásitos aparecen reseñados en los resultados de las analíticas de heces, que el pediatra solicita al niño y que, por sus nombres exóticamente amenazantes, preocupan a los padres. Los más comunes son los siguientes:

Teniasis. Se encuentra por todo el mundo y la frecuencia de casos depende del nivel sociocultural de la población y del control veterinario sobre la carne de vaca y cerdo que se consume.

Enterobiasis. Son parásitos muy difíciles de erradicar y que con frecuencia presentan los niños en edad escolar. Son los gusanos intestinales frecuentes en los países desarrollados y de clima templado. Los niños se infectan habitualmente llevándose a la boca las manos sucias.

Amebiasis. Las amebas son unos parásitos cuyos quistes al ser expulsados en las heces, en zonas con abundante agua y plantas acuáticas de consumo humano, como, por ejemplo, los berros, contaminan tanto el agua como las plantas. Al ser ingeridos por una persona vuelven a iniciar su ciclo de vida dentro del nuevo organismo.

Síntomas generales

Cuanto más parásitos haya en el intestino del niño más intensos serán los síntomas y éstos son: dolor abdominal, náuseas, pérdida de peso, cefaleas, diarrea, pérdida de apetito, vómitos y sensación de debilidad. A veces se produce picor anal (lombrices), aumento del apetito (tenia) y estreñimiento alternado con diarrea (amebas).

El médico al ver los resultados de los análisis es el que mejor prescribirá el tratamiento adecuado para cada niño.

Pubertad

Si bien en un principio este tema para muchos padres adoptivos queda aún lejos en el tiempo, sí es cierto que preocupa progresivamente a medida que el hijo crece y en el caso de niños adoptados cuando ya son un poco mayorcitos. Los padres preguntan en muchas ocasiones al pediatra sobre la frecuencia del adelanto de la pubertad en los adoptados, especialmente si son niñas y desean saber en qué consiste.

El término *pubertad* se refiere a los cambios físicos de la adolescencia, el período entre la infancia y la edad adulta. La pubertad tiene una base hormonal. Entre los cinco y los ocho años, la actividad de estas glándulas empieza a aumentar, con el consecuente aumento de los niveles de hormonas sexuales y el gradual desarrollo de los caracteres sexuales secundarios inherentes a cada sexo.

Alteraciones

Las dos principales alteraciones en el normal desarrollo de la pubertad son el retraso en el inicio de su desarrollo y el desarrollo de los caracteres sexuales secundarios demasiado temprano o sea, pubertad precoz o seudopubertad.

Pubertad precoz

Se considera pubertad precoz la evidencia de características sexuales secundarias antes de los ocho años en las niñas y de los nueve en los chicos. Es más frecuente en niñas. Todas las características de la pubertad, incluido el «estirón», se encuentran presentes. La principal desventaja es que la talla final puede ser más baja que la media para su edad, porque los centros de osificación de los huesos cierran prematuramente. Además, pueden haber problemas psicológicos, debido a que estos niños presentan un aspecto mucho más maduro que los otros niños de su misma edad, con los consecuentes problemas derivados de la aceptación de su propia imagen y de relación dentro de su grupo de edad.

Según varios estudios efectuados en Suecia, Italia y Francia, países con una experiencia anterior en el tiempo que España en adopción internacional, la pubertad precoz es de diez a veinte veces más frecuente entre los niños adoptados, especialmente en niñas mayores de tres años. Las causas son múltiples y no se conocen en su totalidad, pero uno de los mecanismos que puede explicarlo es el fenómeno del *catch-up*, o sea, la rápida recuperación nutricional y psíquica que se produce en estos niños, especialmente en los más desnutridos y con mayor deprivación social e intelectual, al poco tiempo de estar en el país de adopción.

Conclusión

Las alteraciones en la pubertad pueden causar bastante ansiedad a los padres y niños afectados. Por ello, en los niños que presentan un retraso muy marcado en el desarrollo sexual secundario o en aquellos que presentan un desarrollo muy precoz y rápido debe hacerse un estudio exhaustivo, para intentar hacer un diagnóstico adecuado. Los padres deben consultar con el médico especialista que verá la conveniencia o no de realizar tratamiento.

2

Evolución del niño adoptado

Razones de su conducta

Estimulación

Después de un largo viaje, el menor llega a su nuevo hogar con sus nuevos padres y su vida cambia completamente. Su hijo experimenta una serie de sensaciones y sentimientos que nunca había conocido, que pueden llegar a ser muy estresantes dada su corta edad, su limitada experiencia de vida y su falta de contacto previo con el mundo que le rodea. La casa, la ciudad, el ambiente, el clima, los olores, los sonidos, las personas, el idioma, la rutina diaria, la comida, la forma de relacionarse, cómo le cogen y le abrazan... todo es nuevo para él. Necesita un tiempo para reconocer, asimilar, entender y, sobre todo, tiene que aprender para qué sirve todo esto y adaptarse a ello.

Desde un punto de vista psicológico todo ser humano en una situación desconocida que rompe con sus coordenadas habituales sufre estrés, al tener que adecuar su manera de actuar a la nueva situación. Este esfuerzo de adaptación será más elevado en la medida en que las circunstancias nuevas difieran más de aquello que para él era lo habitual, lo que conocía.

Para el niño adoptado se presentan al mismo tiempo muchos estímulos y este exceso supone un coste importante de asimilación.

Las reacciones de los niños ante estos cambios pueden variar. Hay que tener en cuenta que existen grandes diferencias individuales en la forma de reaccionar, dado que la capacidad de adaptación que los niños muestran varía por su temperamento y características psicológicas. Algunos pueden responder retrayéndose, y otros, ante la cantidad de acontecimientos que se suceden, se alteran.

Es frecuente ver cómo el niño al principio no para y se muestra disperso; son reacciones normales, indicio de que se encuentra probablemente sobreexcitado por el conjunto de estímulos y emociones que debe integrar en su mente. Debido a esta saturación, no fija la atención o está inquieto, pudiendo sentirse mal físicamente, tener problemas de sueño o dar la impresión de que es un niño hiperactivo, incapaz de controlarse. Muchos padres refieren cómo al comienzo de la llegada a la familia observan este tipo de comportamientos y cómo a medida que transcurre el tiempo, su hijo se va habituando a la estimulación, se va calmando.

Sin embargo, la sobreactivación no se da en todos los niños. También es posible que, por el contrario, se mantenga quieto, inhibido o asustado y no tome iniciativas hasta que pasan algunos días. Más adelante, también puede mostrarse muy sosegado y busque agradar a sus padres.

> «*Nuestra hija, ya mayorcita cuando la adoptamos, estaba pendiente siempre de la expresión de nuestro rostro hasta el punto de que si hacíamos algún gesto que consideraba extraño, se echaba a llorar porque temía que desaprobáramos su comportamiento.*»

Otro aspecto fundamental es la necesidad de afecto y aceptación por parte de los padres, aunque también es frecuente que los niños muestren reacciones poco habituales en otros niños, al no responder al cariño o al evitar recibirlo. Ya se ha comentado anteriormente (ver capítulo 1) que hay que darles tiempo y buscar oportunidades para compartir. Poco a poco los pequeños van confiando y teniendo seguridad sobre el cariño que les trasmiten los adultos y se atreven a tomar iniciativas, expresando también sus sentimientos.

Debe saber que en un primer período su hijo no va a mostrarse estable. Necesita tiempo de adaptación en todos los ámbitos de su desarrollo y antes de pedirle demasiado, vea cómo reacciona, obsérvele, porque su conducta le orientará.

Piense que el comportamiento del niño siempre está en función de alguna razón. Su hijo, para desarrollarse, busca ser querido, pero además tiene que explorar su entorno, experimentar, porque le gusta investigar, necesita ser curioso para adquirir conocimientos. También tiene que aprender a adaptarse y se frustra porque no siempre consigue tener éxito, y puede mostrarse inseguro si ha experimentado fracasos en sus intentos o siente temor a no recibir afecto.

Los niños poseen una forma especial de comunicarse y de manifestar sus deseos, que la mayoría de las veces no tiene nada que ver con la manera en que lo hacen los adultos. El adulto, cuando se relaciona con un niño, generalmente parte de su forma de ver las cosas y no siempre entiende el significado de la conducta infantil. Las interpretaciones que se suelen hacer parten de las concepciones del mundo adulto. Se le dan al niño explicaciones propias de personas mayores que no tienen que ver la mayoría de las veces con su mundo. Los niños no son pequeños adultos. El modo de ver las cosas está en relación con la forma de comportarse.

Entre en su mundo, sitúese donde él está y póngase en su lugar. Desde estas premisas debe comprender que quizás antes el pequeño no tuvo nunca pautas claras que guiaran su comportamiento o que no entienda por qué tiene que cumplir rutinas o acciones que no le gustan o que no espera.

Dificultades en el primer año

Puede ser que su hijo presente problemas desde el período inicial y también que no aparezcan en ningún momento. Suele ser habitual que, pasada la primera etapa en la que la relación con él puede parecer una «balsa de aceite», el niño empiece a tantear hasta qué punto le van a permitir hacer o en qué medida él puede manejar o controlar las reacciones de los demás. Pero esta forma de actuar aparecerá probablemente cuando ya se encuentre más seguro con usted.

Los estudios sobre la adaptación de los niños durante el primer año indican que durante este primer período es cuando más dificultades se presentan. Además de los problemas de salud y desarrollo, los más frecuentes son afectivos, conductuales y de aprendizaje (como lenguaje, atención, autocontrol de impulsos y dificultades escolares).

Orientaciones para mejorar la conducta: límites

Todos los niños responden en su conducta a una serie de normas de aprendizaje. Su hijo actúa en función de su satisfacción inmediata y una de las cosas que más bienestar le produce suele ser la atención de sus padres, de las personas que quiere. De este modo, además de aprender del entorno, su forma de comportarse también está en función de las actitudes y la conducta que muestren sus padres. Las pautas de conducta que aprende están relacionadas con la forma de actuar de los padres hacia él. Además, estas actitudes son el reflejo de creencias o ideas que los padres tienen acerca de cómo consideran al niño y cómo se debe comportar. Por ejemplo, si ustedes están convencidos de la importancia de la independencia de su hijo, favorecerán que coma, se vista solo y reforzarán estas conductas. Pero si consideran que el niño es pequeño o que no tiene capacidad para ello, no se lo pedirán.

De la misma forma, si un padre observa que su hijo manifiesta una conducta inadecuada de modo persistente, puede pensar que su forma de actuar está determinada por la herencia y se puede sentir frustrado por creer que puede influir menos en él y el empeño que pondrá en intentar controlar su conducta será menor. Concepciones de este tipo u otras que atribuyen al niño formas de ser o conducirse que dependen de factores no controlables, dificultan la interacción y la vinculación afectiva. Aunque son ideas que también tienen los padres biológicos sobre sus hijos, en su caso es conveniente que reflexione sobre estos temas.

Lógicamente, su hijo adoptado trae consigo una herencia biológica no modificable y diferente a la de ustedes, especialmente los rasgos físicos. Pero no sólo la herencia es determinante para saber cómo será su hijo, sino que también el ambiente desempeña un papel importante. Herencia y ambiente están estrechamente ligados e interaccionan entre sí para conformar a la persona. Con frecuencia, la estimulación que recibe del ambiente, sus padres, su familia, sus aprendizajes escolares y sociales serán tan importantes o más que la genética para favorecer determinados comportamientos y actitudes. Tengan en cuenta que ustedes tienen la suerte de poder ser los padres que guíen a su hijo en su desarrollo y evolución.

Como en todos los niños, hay algunos rasgos psicológicos que se van conformando con la interacción del ambiente en que se desarrolla. Los padres con su forma de actuar generan en la mente del pequeño la posibilidad de aprendizajes que no estaban determinados con anterioridad.

Cada padre tiene expectativas diferentes hacia sus hijos, pero todos desean que sean felices, aunque los aspectos que consideran de importancia en su educación pueden variar. También el modo de educar es distinto. Con los mismos valores, una familia puede actuar de forma firme mientras que otra es más permisiva.

Cuando a los padres adoptivos se les pregunta acerca de la educación de los hijos, generalmente todos reconocen la necesidad de normas con las que el pequeño vaya aprendiendo a comportarse en sociedad, que sepa adaptarse a diferentes situaciones y que aprenda a respetar a los demás. Pero algunos padres adoptivos, cuando el niño ya está aquí, tienen dificultad para poner límites o normas a su hijo o hacérselas cumplir. Se plantean cuestiones como:

> *«Pobrecillo, no le voy a regañar, ya ha sufrido bastante; le dejaré que lo haga, total ya lo aprenderá después en la vida; la disciplina le recordará aquella época en que estaba en la institución; no me puedo enfadar porque sufre mucho.»*

Todas estas concepciones sobre el niño adoptado no le facilitan su adaptación. Aunque hay que tener en cuenta su situación y que necesita un margen para adaptarse de forma gradual, ello no justifica que haga todo lo que le apetece sin tener en cuenta a los demás ni la convivencia familiar. La socialización es fundamental para su desarrollo y adaptación porque le posibilita evolucionar y situarse mejor en el medio social en el que vive y le da más posibilidades de ser aceptado por los demás.

Piense que las normas son beneficiosas para los niños y para su hijo adoptado también. No es necesario que sean muchas, pero si el niño las comprende y las puede anticipar, esto le ayudará a cumplirlas y consecuentemente a sentirse bien con usted y consigo mismo, favoreciendo su autocontrol y su autoestima. Le ayudará a saber qué se espera de él.

Si por el contrario no hay pautas claras o su aplicación depende de su estado de ánimo o del tipo de conducta que presente el niño, serán reglas poco consistentes que desorientarán a su hijo y le llevarán a sentirse confuso.

Tenga en cuenta que lo que el niño aprende en casa lo traslada generalmente a su vida en el exterior. Y lo que aprende con usted le posibilita comportarse sociablemente de forma adecuada. Tiene que aprender gradualmente a ser independiente, a jugar con otros niños, a tolerar la frustración, etc.

Un niño que se pelea mucho en la escuela, que no hace caso cuando le mandan que haga algo, que tolera mal no tener lo que desea, o que no participa con el resto de sus compañeros encontrará probablemente más dificultades para sentirse bien y para su adaptación familiar, escolar y social. No piense que al niño le perjudica tener normas de conducta porque le hacen sufrir o se frustra. Muy al contrario, cuando le indica pautas claras de cómo comportarse le está dando seguridad y demostrándole su cariño.

¿Cómo aprenden los niños?

La mayor parte de las habilidades y conductas que los niños desarrollan a lo largo de su vida vienen condicionadas por el ambiente y las personas que les rodean. Los padres, profesores o familiares intervienen de forma decisiva en su educación.

Los problemas de conducta, las rabietas, los miedos o la habilidad para relacionarse también se aprenden. Los niños no nacen con estas conductas. Es decir, gran parte de lo que un niño piensa, siente y hace son conductas aprendidas.

Los padres, a través de la educación, enseñan a sus hijos a comportarse en sociedad y a desarrollar su autocontrol y favorecer su independencia para llegar a ser adultos responsables. Para manejar la conducta de su hijo de forma positiva, el primer paso es que usted conozca cuáles son las necesidades y deseos de los niños y que entienda por qué hacen las cosas.

Las normas de conducta y las relaciones sociales y emocionales son complejas y cambian de una persona a otra y en situaciones distintas. El niño no siempre sabe cuáles son adecuadas y cuáles no son aceptables en su entorno o en una determinada situación. Son muchas las cosas que no conoce y que debe aprender paulatinamente a medida que se van planteando en su evolución. En la conducta de los niños generalmente no hay nunca una segunda o mala intención. Observe, sin embargo, que sí suele haber una búsqueda de cumplir sus deseos o necesidades de una manera directa.

Sea usted consciente de que, aunque su hijo conozca las normas que le impuso, en un momento determinado le gustará probar, romperlas y averiguar qué pasa. Unas veces lo hará por ensayar y otras por llamar su atención, para tantearle. También es posible que cuando se encuentre a disgusto por alguna razón, trate de manifestarlo y no sepa cómo hacerlo. No siempre es capaz de controlarse ni tiene la capacidad de expresar sus sentimientos o frustraciones, y lo hace «dando la lata» y conduciéndose de forma inadecuada.

A medida que usted le vaya conociendo, irá teniendo en cuenta su manera particular de comportarse y se podrá ahorrar muchos disgustos y conflictos. Por otra parte, habrá más posibilidades de establecer relaciones positivas con él y, por tanto, de lograr un vínculo más firme y seguro.

El niño aprende a comportarse observando el comportamiento de las personas que son importantes para él, y con las que mantiene una buena relación, como sus padres, sus familiares, sus profesores, etc., o a veces se fija en otros modelos no reales, que puede valorar en un momento dado (personajes de cuentos, héroes de la televisión, etc.).

Así, usted, como padre, debe tener en cuenta que es un modelo de conducta para su hijo. Acuérdese de que, cuando usted hace algo, su hijo se está fijando en cómo lo lleva a cabo y después le imitará. ¿Cuántas veces no se ha visto usted mismo actuando igual que lo hacían sus propios padres? Procure, pues, que las indicaciones o normas que dé no se contradigan con su forma de actuar, y si, por ejemplo, le dice que coma despacio, usted también debe comer despacio, o si le pide que no grite, usted debe hacer lo propio al decírselo.

El niño está atento a la forma en que se comportan los adultos y de este modo puede interiorizar esos comportamientos y volver a repetirlos más adelante. La imitación del niño se fija más firmemente si se le refuerza por ello.

Problemas de conducta

Cuando el niño presenta problemas de comportamiento puede ser porque quiere conseguir algo, evitar una consecuencia negativa para él o también porque desea manifestar su alegría o su frustración. Algunos niños presentan problemas de conducta desde que empiezan a convivir con la familia y otros después de transcurrido cierto tiempo, cuando ya sienten seguridad. Por supuesto, puede que no aparezcan problemas.

En algunos pequeños los cambios radicales a los que tienen que enfrentarse les pueden suponer esfuerzo, frustración o rechazo. Las normas de funcionamiento que se le exigen no tienen porqué entenderlas ni saben la razón de que haya que cumplirlas.

Si se encuentra en situaciones en las que el niño desobedece, rehúsa hacer lo que le mandan o se opone a mantener las reglas de convivencia de la familia, puede repasar algunas claves de cómo reconducir su conducta. Como norma general, cuando tenga que corregir a su hijo, hágalo de un modo cariñoso e intente proporcionarle ayuda. Tenga en cuenta que su manera de actuar le está dando un modelo de la forma de reaccionar y el niño puede reproducir luego ese mismo comportamiento. Igualmente, la actitud que usted muestre puede favorecer que el niño se porte bien o no.

Existen algunas fórmulas educativas muy útiles para modificar la conducta infantil, que, en general, si se aplican bien, son muy efectivas. Tenga en cuenta que siempre es posible hacer algo, aunque no todos los problemas se resuelven del mismo modo. La aplicación de estas normas educativas no son recetas que funcionen en un día (aunque puede ser que algunas sí). Lo habitual es iniciar una dinámica de actuación que vaya generando una forma de comportarse entre usted y el niño que favorezca su ajuste y el desarrollo paulatino de un equilibrio familiar.

Construya una buena relación. Empiece construyendo una buena relación con su hijo, enseñándole lo que se espera de él y que tenga claro cuales son las consecuencias (razonables), si se comporta de manera inadecuada.

Dedíquele tiempo. No olvide dedicarle tiempo y hablar con él de sus intereses, sus deseos, sus preocupaciones, de manera regular. Es fundamental para hacer un seguimiento de su evolución, favorecer la comunicación y estimularle para que se sienta confiado y piense que sus padres le comprenden, le aceptan y le quieren.

Hable con él. Fomente la conversación sobre diferentes temas en la familia y dé oportunidad al niño para comentar sus cosas. Conviene que le escuche para ver cómo razona e integra diferentes ideas u opiniones.

Límites. Ponga normas claras y límites definidos para proporcionarle una sensación de seguridad. La disciplina ayuda al niño a aprender a sentirse seguro, facilita su autoestima y le lleva a ser más independiente. Los niños a los que «se les deja hacer» tienen menos control de lo que les rodea. En su vida se enfrentarán a muchas situaciones frustrantes en las que deberán saber cómo responder. Por ejemplo, si se les niega algo, se encuentran con la desaprobación de un profesor o reciben críticas de sus compañeros. Si su hijo no guarda los límites, sea firme y aplique las normas con consistencia. No debe cambiarlas de forma aleatoria de un día para otro, aunque se puede ser flexible y también se pueden modificar, si se informa al niño previamente.

Mantenga la calma. Aunque no es fácil, intente no alterarse demasiado cuando el niño se comporta mal. Trate de aplicar la disciplina con calma. A veces es necesario esperar a tranquilizarse un poco y luego actuar.

Valore al niño. El mejor recurso y el más importante es valorar al niño por su conducta positiva. Todos los niños tienen formas de ser o muestran actitudes que se pueden estimar. Decírselo directamente de forma concisa es muy positivo. Esta táctica es muy simple, pero en la educación y en la aplicación de las normas existe una tendencia generalizada de corregir el error más que de valorar la conducta adecuada.

Tampoco debe alabar al niño constantemente porque sería contraproducente y negativo para él, dado que perdería su valor de estímulo positivo. Por el contrario, debe ponerle límites, como ya se ha comentado. La combinación de estos dos factores será la mejor manera de conseguir que su hijo haga lo que le pide y de favorecer su autoestima en el futuro. Por tanto, recuerde que si quiere que su hijo actúe de un modo determinado, debe reconocer su forma de actuar y valorarla, porque así tenderá a repetirla. Promueva actividades en las que el niño pueda conseguir éxito. Trate de hacer con él aquellas cosas que se le dan bien y que le gustan, ya sea deporte, dibujo o determinados juegos.

Explique de forma clara lo que espera de él. Si usted quiere cambiar una conducta negativa de su hijo, lo primero que debe hacer es definirla, no hablar en general. En vez de decir: «*Juan, te estás portando mal*», es preferible que usted explique a qué se refiere: «*Quiero que te sientes*», «*Quiero que recojas tus juguetes*», «*Deja de tocar la fruta*», «*Me gustaría que te lavaras los dientes*», «*No cojas cosas de papá sin pedirlo*».

Reconozca sus sentimientos. Cuando el niño se queja o está enfadado, reconozca su sentir, su frustración o el motivo de su conducta: «*Ya veo que estás enfadado*», «*Comprendo que te moleste pero hay que ir*», «*Supongo que te habrá dolido*».

Establezca consecuencias. Es necesario que el niño entienda las consecuencias que tienen sus actos. Si se porta mal, dígale cuáles son, insistiendo en qué ocurrirá cuando lleve a cabo lo que le pide o, por el contrario, cuáles serán los resultados si actúa de forma inadecuada. Procure adaptar la consecuencia al grado del problema, para que luego usted lo pueda cumplir. Premiar, ignorar y castigar en el momento oportuno son tres recursos básicos para controlar la conducta del niño.

Observe sus conductas positivas. La conducta positiva se debe valorar y reforzar, ya que si los padres expresan al niño su satisfacción por su forma de ser o por su manera de comportarse, están incidiendo en el desarrollo de su autoestima.

Ignore la conducta negativa. Es importante que usted sepa que no siempre hay que prestar atención a la conducta negativa. No es sencillo ignorar una conducta inadecuada, sobre todo si uno se exaspera, por ejemplo, ante una rabieta sin ningún motivo importante en apariencia. Sin embargo, ignorar es una forma eficaz de acabar con los comportamientos inadecuados. Ahora bien para que este recurso resulte eficaz, debe atender a las siguientes pautas:

- Por un lado, debe recordar que no prestar atención significa no reaccionar ante el comportamiento indeseado, ni con palabras ni con gestos o actitudes que demuestren al niño que está reaccionando a su forma de actuar. Es decir, conserve la calma, mirando a otro sitio o apártese mientras el niño continúe con ese comportamiento. Si se mantiene firme y no presta atención a las conductas que no desea, comprobará cómo la duración de dicha conducta cada vez será más corta. No abandone, porque el niño tampoco va a cambiar su actitud el primer día en que usted lo ponga en práctica. Sea persistente. Este recurso es muy efectivo en el caso de rabietas, que tienden a desaparecer cuando su hijo observa que no consigue lo que desea por este camino.

- Por otro lado, y de manera paralela, hay que mostrar al niño cómo se le presta atención cuando él deja de estar enrabietado. Es muy importante y no debe olvidar hacer caso al niño cuando se produce la conducta positiva, y valorarla expresamente, ya que es ésta la que aparecerá después de dejar la negativa.

Esta forma de manejar la conducta del niño ante comportamientos que usted considera negativos no las debe poner en práctica en aquellas situaciones en que el niño llore desconsoladamente por sentir temor o inseguridad. En los primeros meses puede estar confundido o asustado y reaccionar por miedo o incertidumbre. En estos casos no es conveniente que le retire su atención que para él será tanto como retirarle su afecto. Sea cuidadoso y observe el niño para ver si su comportamiento y sus reacciones se repiten y de esta forma podrá saber qué le ocurre.

Exigencia. Otro aspecto importante a tener en cuenta es el nivel de exigencia que se le pide al niño. En ocasiones se pretende que haga muchas cosas bien y al mismo tiempo. Por ejemplo, si se le llama la atención o se le reprende con excesiva frecuencia, como: «*Estate quieto*», «*No molestes*», «*Come bien*», «*No te levantes*», «*Coge bien el cubierto*», etc., es posible que reciba más atención por sus conductas negativas que por las positivas. Es preferible que disminuya su exigencia y pase por alto algunas de estas conductas. Piense que si lo que el niño está haciendo no es muy importante ni es tan negativo, no le debe prestar atención. Cuando no haga caso a esa actitud esté atento a reforzar y valorar al niño por una conducta positiva diferente. Por ejemplo, si observa con frecuencia que hace algo mal o que, cuando le pide que haga algo, normalmente lo primero que dice es «no», haga ver que no le oye, hable de otro tema y espere unos segundos a que el niño realice otra cosa neutra o en positivo. Atiéndale entonces. De esta forma le está explicando, con su actitud, que no atiende al «no» porque no le gusta, mientras que el otro comportamiento le parece adecuado y por eso le presta atención.

Castigos. Procure no controlar habitualmente la conducta del niño con castigos. Estos métodos son efectivos a corto plazo, pero generan tensión e interacción negativa entre padres e hijos. Intente dar alternativas al castigo ante la conducta inadecuada de su hijo, plantéele otra opción, y muéstrele la consecuencia de cada una: «*Cuando te sientes te doy el flan*», «*Si estás levantado, entiendo que no lo quieres*», «*Puedes jugar en el pasillo con otra cosa o guardamos la pelota*», «*Ya sé que no quieres dejar de ver la tele, pero en vez de llorar, prefiero que me digas: "Mamá espera a que termine, que me gusta mucho"*», «*Venga, ¿lo intentamos?*».

Sea consistente. No crea que con una vez que usted le indique sus recomendaciones el niño va a aprender. Necesitará experimentar en varias ocasiones o incluso días esta nueva forma de actuar de sus padres, para cambiar después la suya. Por tanto, sea persistente, no decaiga hasta que consiga su objetivo.

Además tenga en cuenta que el niño está aprendiendo y no puede hacer lo que le pide de inmediato. En ocasiones también le gusta tantear a los adultos para averiguar cómo responden y ver si le regañan o le atienden y, sin darse usted cuenta, estará cayendo en sus provocaciones.

No le desvalorice. Cuando el niño haga algo inadecuado y usted considere que debe castigarlo, recuerde, que es necesario desligar el castigo que aplica a su hijo por su forma de comportarse, del cariño que le tiene. Es importante que cuando le reprenda no le desvalorice globalmente ni le retire su afecto ni le rechace. Céntrese en su conducta negativa, pero no lo extienda a cómo es él, a su forma de ser. De esta manera el niño aprenderá que, aunque usted se enfade con él por algo que hizo mal, no significa que no le quiera tal como es, sino que le acepta globalmente. Se debe regañar la conducta, nunca a la persona.

«Mi hijo de tres años solía tener rabietas a la hora de acostarse. Me costaba mucho trabajo que se fuera a la cama. En cierta ocasión me mordió y en medio de las lágrimas, gritaba: "¡Soy malo, ya sé que soy malo, quiero ser malo!". Cuando se calmó le abracé y le besé y al día siguiente hablé con él y le dije que él era un buen niño y que esas cosas se le pasarían cuando aprendiera a controlarse y que tenía que intentarlo. A partir de entonces cada noche me preguntaba: "¿Verdad que estoy mejorando?".»

Usted es un modelo. Responda de manera sosegada. La forma en que usted le reprende también es un modelo para la conducta de su hijo. Sus gritos se transformarán en otros gritos del niño y su arrebato se convertirá en una respuesta iracunda por parte del pequeño. El modo en que responda a su comportamiento puede aumentar o disminuir en el futuro su conducta negativa.

La acción de reprender al niño será más efectiva si él tiene experiencias positivas con usted y no le regaña con frecuencia. Si comparten situaciones agradables, si lo pasan bien juntos, sabrá valorar sus enfados.

No se agobie. En el caso de que su hijo tenga problemas de conducta, no se desanime, ni se aísle. Muchos padres adoptivos o no pasan por situaciones similares en su papel como educadores y se trata de aprender a controlarlo.

- Busque la relación con otras personas o padres adoptivos que hayan pasado por situaciones similares. Las personas que ya han tenido la experiencia de la adaptación de un hijo adoptivo pueden comentar aquello que a ellos les sirvió.

- También será una ayuda la lectura de libros que le proporcionen estrategias que funcionen y que le expliquen el punto de vista del niño.
- Un buen profesional puede orientarle para disminuir estas dificultades y mejorar la relación con su hijo.

En resumen, para facilitar una buena conducta
Antes
• Establezca reglas claras. No es necesario que sean muchas. Así será más fácil para él y para usted. Si su hijo sabe qué conductas están bien y cuáles no, esto le ayudará a portarse mejor. Podrá saber qué es lo que se espera de él. • Las rutinas ayudan a que haya menos conflictos (comer, bañarse, acostarse, etc.). • Revise el nivel de exigencia que le impone. Tenga en cuenta su edad y que está aprendiendo. • No crea que su hijo lo va a hacer todo bien desde el primer día. Se tendrá que equivocar. Tampoco espere que diciéndole las cosas una vez lo vaya a hacer bien en adelante. • Atienda a su hijo cuando se comporta bien. Valore todas aquellas cosas que desea que vuelva a hacer. • Proporcione la información de las consecuencias que tienen sus actos. • Póngase de acuerdo con su pareja en las normas que dan al niño y en la forma de resolver los problemas que surjan. No se contradigan ante el niño. • Procure favorecer situaciones para que el niño haga lo que le pide. Promueva su memoria: «*Y ahora que ya has terminado, ¿qué hay que hacer?*». Busque que lo recuerde mejor que enfadarse porque no lo ha hecho.
Cuando se porta mal
• Intente no reaccionar de forma excesiva o con ira al comportamiento de su hijo. Espere primero a calmarse un poco. • Ignore conductas negativas que no son importantes. • Sea consistente, es decir, sea firme con las normas que usted le puso al niño. Aplíquelas de manera justa cada vez que se porte mal. • No utilice muchos castigos. Son efectivos pero generan tensiones a la larga. • Cuando tenga que reprender a su hijo acuérdese de hacerlo por su conducta inadecuada, pero no porque él sea *malo*. • Sea empático con él y si da razones de por qué lo hizo, es preferible que le diga una forma alternativa más adecuada de hacerlo.

Si le resulta muy complicado
Busque ayuda en personas y profesionales que le puedan orientar o aclarar sus dudas sobre el comportamiento del niño. Un profesional especializado en tratamiento infantil puede darle claves e ideas para manejar la conducta de su hijo.

Desarrollo de la autoestima

La autoestima desempeña un papel importante en la conducta de los niños y en su bienestar psicológico. Aunque no está del todo claro cuando empieza a formarse, sí parece que el establecimiento de los primeros vínculos afectivos (ver capítulo 1, «Creación del vínculo afectivo») con figuras significativas para el niño influye en su valoración, en su comportamiento y en su competencia personal. Los niños con relaciones emocionales seguras se valoran a sí mismos mejor que los que tienen vínculos inseguros. Una buena autoestima de su hijo vendrá fundamentalmente de la seguridad de que usted va a cuidar de él de forma incondicional como persona única y especial para usted.

Parece que, de mayores, los niños adoptados tienen más dificultad para tener una buena autoestima. Sin embargo, esto no quiere decir que no se pueda favorecer y construir.

Una persona con una buena autoestima tiene una apreciación realista de sus capacidades y sus puntos débiles, y se acepta a sí misma como es.

Cuando se habla de autoestima, generalmente se hace referencia a una apreciación global de uno mismo en relación con las cualidades y los defectos que cada cual considera que muestra en diferentes aspectos de la vida.

En el caso del niño, la autoestima va variando a lo largo de su desarrollo. La forma en que se valora a sí mismo está relacionada con la evolución de su capacidad cognitiva. Parece que en edades preescolares sus valoraciones suelen estar más relacionadas con el deseo de gustar a los demás más que por la propia apreciación de sus capacidades. Sin embargo, cuando es algo mayor, en torno a los ocho años, ya es capaz de evaluar sus competencias en varios aspectos y generalmente en relación con cómo le valoran otros adultos o sus compañeros de clase. En este período suele evaluar su competencia en diferentes áreas, como la social, la académica, la física o la conducta, y más tarde irá integrándolas en una autovaloración general. De esta forma es posible que el niño se sienta por una parte reconocido y aceptado socialmente mientras que desde un punto de vista académico o en tareas motoras no se sienta tan seguro.

El niño es capaz de compararse con los demás en deportes, tareas académicas, conducta, o en sus relaciones sociales. Hace comentarios como: «*Juan es el que más corre porque todos le cogen para jugar en el equipo*» o también «*Ana es la más lista, siempre lo sabe todo*». El niño que rinde poco verbaliza con frecuencia: «*Soy tonto*» o, al contrario: «*Soy más hábil que Pepe, leo más deprisa*», al contrastar su rendimiento con el de otros compañeros.

Los padres pueden, lógicamente, influir de manera decisiva en la autoestima de sus hijos. Se sabe que determinados estilos paternos la favorecen. Además de un vínculo seguro, unos padres que se muestran afectuosos, marcan unas normas claras de conducta, prestan ayuda a sus hijos, favorecen la expresión de sentimientos y la autonomía, les ayudan a construir un buen concepto de sí mismos.

Todos los niños aprenden fundamentalmente de sus padres la mayoría de las habilidades que requieren. Como padre usted es la persona que enseñará a su hijo a adaptarse adecuadamente, a relacionarse con los demás o a sentirse seguro y autónomo. Aprenderá con usted a controlar sus impulsos, conseguir habilidades sociales y a tomar decisiones, entre otras cosas.

Por tanto, la autoestima está relacionada con el entorno donde el niño se desenvuelve, la relación que establece con sus padres, con su familia, sus profesores y sus amigos. De esta forma, la actitud que muestren estas personas con el niño y las experiencias que viva influirán en la percepción de competencia que tenga de sí mismo.

El ajuste del nivel de exigencia según las capacidades también es un factor importante que influye en la autoestima. Si los padres proponen unos objetivos adecuados a su capacidad y nivel de desarrollo, el niño tendrá más posibilidades de conseguir éxito en la realización de tales objetivos y, por tanto, tendrá experiencias positivas de su competencia. La sobreexigencia o la insistencia en la corrección de sus dificultades (aunque sea con ánimo de que mejore) pueden generar en él la percepción de incompetencia en aquellos aspectos que usted tanto desea modificar.

Igualmente, unos padres controladores o muy sobreprotectores le transmiten indirectamente que no confían en su capacidad para realizar las cosas sin su ayuda.

Aquellos niños a quienes no se les proporciona la autonomía adecuada a su edad en la realización de las tareas cotidianas, o a quienes no se les facilita la seguridad de que podrán realizar por sí mismos las actividades, encuentran más difícil adquirir un sentimiento de valía personal y autoestima y son dependientes de sus padres o de otras personas.

Es posible que las características, los gustos o las habilidades del niño adoptado no coincidan con los gustos o las habilidades que se hayan valorado desde siempre en la familia. Por ejemplo, es el caso de unos padres que no tengan interés por el deporte o las habilidades físicas mientras que su hijo muestra una inclinación clara hacia la práctica deportiva. En circunstancias como estas, los padres deben apoyar a su hijo en sus aficiones y tratar de que las desarrolle, apreciando sus capacidades y motivación.

De esta forma la valoración de su competencia le va a ayudar a adaptarse a su familia, al medio social, escolar y a tener bienestar personal.

Construir unas relaciones familiares y sociales donde el niño tenga sentimientos de seguridad, sea autónomo y se perciba competente le proporciona una autoestima positiva y una buena adaptación psicosocial. Asimismo, le facilita interpretar lo que ocurre a su alrededor, a valorar sus experiencias, a plantearse expectativas y a afrontar con éxito situaciones conflictivas.

Cómo hablarle

Uno de los recursos que puede utilizar a diario es la manera de dirigirse a él. La manera de decirle las cosas traduce, de forma indirecta, la concepción que usted tiene de su hijo; al hablarle está trasmitiendo tanto las palabras que usa cómo el lenguaje no verbal, sus gestos, su tono de voz, etc. y, como ya sabe, son tan importantes o más que las palabras, sobre todo cuando el niño es pequeño. Por tanto, piense que es importante, cuando usted le diga algo agradable o le quiera regañar, usar un lenguaje que no vaya en detrimento de su autoestima. Le recordamos algunas ideas:

No desvalorizar al niño y corregir la conducta. Antes hemos visto (ver capítulo 2, «Razones de su conducta») que no se debe valorar o calificar al niño globalmente, sino su conducta, y en este sentido el padre, en el momento de corregir un comportamiento determinado, tiene que especificar a qué se refiere. Describa qué es lo que no le gustó de lo que el niño hizo.

«*¿Tú estás contento conmigo?*», preguntó el niño. El padre, no entendiendo la cuestión, le respondió: «*En algunas cosas sí, en otras no*». Si usted quiere utilizar un lenguaje que favorezca su autoestima es mejor decirle: «*Claro que estoy contento contigo, porque te quiero: eres un chico estupendo*». Y referirse a aquella conducta concreta: «*Pero no me gusta que no vengas cuando te llamo*».

Comunique el motivo por el cual usted quiere que haga lo que le pide: «*Deja de ver la tele porque te estamos esperando para cenar*».

De la misma forma favorecerá su autoestima si reconoce los sentimientos que él puede sentir en ese momento o su forma de ver las cosas: «*Entiendo que quieras seguir viendo la tele pero no podemos esperar a que acabe el programa*».

Reconocer y elogiar su conducta. La forma de hacerlo debe ser ajustada a lo que ha hecho y no se debe exceder. Por un lado, el elogio excesivo puede llegar a perder el valor que tiene y, por otro, puede generar en el niño la necesidad de cubrir las expectativas y deseos de sus padres, pudiendo autoexigirse en demasía.

A veces los padres piensan que es mejor no valorarle porque *hacer las cosas bien, es su obligación*, es decir, que se porte debidamente o que haga aquello que se le pidió. Sin embargo, esta actitud generalmente va acompañada de la corrección de los aspectos negativos del niño o también de una valoración ambivalente, es decir, de un reconocimiento junto a una falta de aceptación de su conducta. Por ejemplo: «*Sí, está bien como te ha salido, pero todavía lo puedes hacer mejor*».

Este tipo de comportamiento de los padres dificulta que el niño genere autoestima porque no será frecuente que consiga hacer algo que sea valorado positivamente, sin reservas. Actitudes como éstas pueden estar en la base de unas expectativas demasiado exigentes y poco realistas para el niño y a veces son frecuentes en algunos padres. En el caso de los hijos adoptivos pueden ser muy perjudiciales para su autoestima.

Es importante que le observe, sepa cuáles son sus capacidades y trate de ponerle en situación de que las demuestre. Trate de aceptar sus puntos fuertes y los débiles, porque en la aceptación de su hijo, tal y como es, está la formación de una autoestima fuerte.

Hay niños que no aceptan bien el elogio y en estos casos es recomendable relacionarlo siempre con la realización de una actividad en la que el niño pueda observar por sí mismo lo que hizo. En relación con esos momentos se le puede enseñar también a valorarse preguntándole por su opinión sobre su propia conducta. Preguntas como «*¿Cómo crees qué te salió?*» o «*¿No crees que te ha salido bien?*» constituyen una fórmula útil para niños mayores ya capaces de evaluar y resultan una alternativa al elogio directo.

En cualquier caso no debe olvidar que especialmente cuando tenga que regañarle o corregirle deberá hacerlo de manera calmada. Ello le ayudará a controlar sus reacciones y su lenguaje. Si le habla con ira o descontrol, el niño no se sentirá bien por haber sido causa de un enfado tan intenso en usted.

En resumen

- Dígale con frecuencia que le quiere.
- Demuéstrele su cariño besándole y abrazándole.
- Dedique tiempo para escucharle.
- Dedique tiempo a ayudarle y a resolver problemas.
- Dele un modelo de cómo pensar en positivo.
- Ayúdele a descubrir en el día a día sus habilidades o puntos fuertes.
- Insista en que persevere.

Defensa de derechos

A veces los niños con baja autoestima encuentran difícil afrontar circunstancias sociales en las que tengan que defender sus derechos frente a otros. Cuando el pequeño no está seguro de sí mismo tiene problemas para expresar sus opiniones por cómo se lo pueden tomar los demás. Igualmente le resulta difícil tomar iniciativas para expresar deseos o para rechazar un trato inadecuado.

Si no se les enseña, a los niños les cuesta entender que existen derechos personales que deben de ser defendidos frente a los demás. Para llegar a comprender estos conceptos sociales, es necesario que su hijo alcance un desarrollo cognitivo y social que le permita integrar su significado. La edad aproximada es entre los 7 u 8 años.

Introducir la importancia de saber defenderse y cómo hacerlo ayuda al niño a sentirse mejor consigo mismo y a tener una sensación de control sobre las situaciones. Debe aprender que, en ocasiones, con sólo decir lo que uno piensa es suficiente, y que otras veces es necesario actuar con mayor firmeza (por ejemplo: decir no o defenderse ante las burlas).

El primer paso para construir su autoafirmación es conocer sus derechos, y se le puede explicar que son derechos universales para todas las personas, niños y adultos, que se pueden resumir así:

Derechos asertivos del niño
• No tienes que sentirte mal por ser adoptado. • Si cometes errores no tienes que sentirte culpable y puedes admitirlo. • Tienes derecho a tener tus propias emociones, pensamientos y comportamientos. • Tienes derecho a que te traten con respeto y a que no se metan contigo. • No tienes que dar excusas a todo el mundo por lo que haces. • Si las cosas van mal, no tiene por qué ser necesariamente culpa tuya. • No tienes que saberlo todo. Puedes decir «*No sé*» sin sentirte mal. • No tienes que ser amigo de todos. • No tienes que gustarle a todos, ni tiene por qué gustarte todo el mundo. • No tienes que demostrar a nadie que tienes razón. • No tienes que entenderlo todo y puedes decir «*No lo entiendo*», sin sentirte mal. • No es necesario que seas perfecto y no tienes que sentirte mal cuando eres simplemente tú. • Recuerda, eres maravilloso, simplemente por ser como eres y no importa cómo seas.

Adquisición de la autonomía

Adquirir autonomía es un paso fundamental en el niño que determina su grado de madurez, es parte de su desarrollo personal y enriquece su autoestima. El sueño, la alimentación y el control de esfínteres son las primeras etapas en este proceso.

Sueño

Hay que tener en cuenta que su hijo tenía unos hábitos de sueño en el orfanato marcados por la dinámica de la institución en la que residía. Pero cuando llega a casa con el cambio de actividad, las novedades, el ambiente diferente y tantos estímulos nuevos, estos hábitos necesariamente varían. Recuerde que en los orfanatos los niños suelen dormir en habitaciones compartidas y en muchas instituciones, como es el caso de los institutos de bienestar social chinos, los bebés hasta los dos o tres años comparten cuna con uno, dos o más niños. Pasar de pronto a dormir en la soledad de una habitación sin ruido, sin ninguna presencia cercana, puede resultarle extraño y sobrecogedor.

> «*Mi niña dormía con otro bebé de su edad (dos años) en el orfanato del que procedía, en China. En el informe nos decían que se querían mucho. Cuando llegamos a casa, la instalamos en una cama con vallita. No quería acostarse allí, lloraba sin parar. Tuvimos que buscar una cuna pequeña y darle la mano las primeras noches. Así conseguimos que se tranquilizara.*»

Después de estas experiencias, cuando llegan a casa a muchos niños les cuesta dormirse. Según la edad que tenga su hijo, esta dificultad para conciliar el sueño tendrá que ver con diferentes factores. De nuevo hay que atender a las diferencias individuales, a la capacidad de adaptación y a la facilidad para tensarse o relajarse, ya que pueden tener un papel importante en la conducta que muestre el niño.

Pero también hay que pensar en el cúmulo de acontecimientos y en la sobreexcitación o inquietud que vive durante el día, que hacen más difícil sumergirse en el sueño. Además, tendrá que sentirse seguro con sus padres y superar la inseguridad (¿qué pasará mañana?, ¿sus padres estarán ahí?), confiando en que las circunstancias que ahora vive no cambien de nuevo.

Los padres de niños insomnes se preguntan cuánto van a durar las largas sesiones nocturnas acompañando a su hijo. Pueden ser días, semanas o incluso meses. Dependerá del tiempo que el niño precise para sentirse relajado y seguro. Pero no se preocupe porque este momento llegará.

Por otro lado también hay niños que se duermen sin dificultad cuando su reloj biológico marca la hora de cerrar los ojos y no presentan problemas.

> *«Mi primer hijo adoptado, de tres años, podía tardar incluso dos horas hasta que lograba dormirse. Tenía que estar con él todo el tiempo. Si me iba me llamaba angustiado. Poco a poco lo fue consiguiendo. Al cabo de dos meses dormía de un tirón. Su hermana de dos años, también adoptada, en cambio dormía profundamente desde el primer día que llegó a casa en el momento en que la metíamos en la cama.»*

Aparte de estas circunstancias habituales al comienzo, debe saber cómo funciona normalmente el mecanismo del sueño, para poderlo ajustar a unos patrones saludables para el niño.

El sueño según la edad

Los tiempos de sueño varían con la edad:

- A los 6 meses el niño duerme 12 horas seguidas por la noche además de una o dos siestas.
- De 6 a 15 meses duerme 14 horas aunque se despierta alguna vez por la noche y duerme la siesta.
- De 15 a 24 meses el niño duerme toda la noche y también una siesta.
- De 2 a 4 años duerme entre 11 y 12 horas y se echa una siesta aunque ésta suele desaparecer.
- De los 5 a los 6 años duerme alrededor de 11 horas.
- Los adolescentes duermen entre 7 y 8 horas.

Rituales que enseñan a dormir

Es necesario establecer una serie de acciones rituales antes de ir a la cama, para ayudar al niño a dormir. La mayoría de los niños con patrones sanos de sueño asocian relajación y somnolencia a una serie de actividades que ocurren entre 20 y 30 minutos antes de la hora de acostarse.

Estos rituales varían según las familias, pero generalmente incluyen un baño, poner el pijama, lavarse los dientes, decir buenas noches a los miembros de la familia, hacer una última visita al baño, beber el último sorbo de agua, meterse en la cama con un cuento, etc. Sirven para indicar al niño que es momento de empezar a dormir. Estas características generalmente se asocian con la disminución de luz, coger un peluche o un juguete favorito, tumbarse en la cuna o en la cama, escuchar música o mantener una conversación tranquila.

A veces dentro de estos rituales se encuentra tener contacto físico con los padres o que ellos se queden en la habitación hasta que concilia el sueño, lo que suele ser frecuente cuando el pequeño es más dependiente de los padres y no ha adquirido pautas de sueño más autónomas.

Alteraciones del sueño

Muchos niños sufren trastornos del sueño sin que haya problemas psicológicos o de comportamiento asociados. Es habitual que la causa sea la falta de adquisición de hábitos. Algunos niños pueden ser más vulnerables que otros al miedo tanto por el día como por la noche. Sin embargo, la ansiedad nocturna se debe frecuentemente a una combinación de la tensión que vive el niño durante el día y las circunstancias que le rodean al acostarse y que crean el marco para que focalice sus temores. A veces el miedo surge o se exacerba cuando se acuesta al niño a una hora demasiado temprana, sin que se haya relajado o tenga sueño y, por lo tanto, no se duerme.

El contenido del miedo nocturno no tiene por qué estar siempre relacionado con problemas específicos diurnos y puede ser un miedo común de los niños en esa edad de desarrollo.

No piense que, por el hecho de ser adoptado, su hijo va a sufrir episodios recurrentes en este sentido. Hay padres adoptivos que relatan situaciones frecuentes de este estilo, pero más relacionadas con problemas de otro tipo, como la retirada del pañal o situaciones de especial estrés, como el inicio de la escolaridad, comparables a las de cualquier otro menor no adoptado.

Para la mayor parte de los niños, los miedos son fenómenos desagradables pero no duran mucho tiempo, sino que tienden a desaparecer con el desarrollo y no se transforman en terror o pánico. Sin embargo, algunos niños desarrollan miedos persistentes e intensos que llegan a convertirse en verdaderos problemas para la familia o incluso originar otro tipo de problemas.

Los estudios indican que los niños pequeños tienen miedo a la oscuridad y un 47% de los niños que tienen entre uno y cinco años insiste en dormir con la luz encendida o usar un objeto de transición, como un muñeco, sabanita o juguete para dormir.

Problemas físicos. En el caso de niños adoptados no hay que descartar la existencia de problemas físicos que dificulten la conciliación del sueño o el despertar. Tal es el caso del niño que no respira bien o que puede traer lombrices que le molestan especialmente por la noche cuando se tumba y le provocan desasosiego.

Sueños y pesadillas. Los niños sueñan, como también lo hacen los adultos. Su hijo no es una excepción y tampoco su condición de adoptado va a influir en que tenga más pesadillas que niños que no lo son. Sí puede ocurrir que al principio de su vida en común, a causa frecuentemente del estrés que vive, su sueño sea más agitado en ocasiones. Piense en usted mismo, cuando lleva a cabo una actividad especial en el trabajo, o viaja a un lugar diferente o recibe una sorpresa inesperada. Es probable que también le cueste dormir o sueñe más de lo habitual.

Las pesadillas son alteraciones del sueño que implican despertase de forma repetida por temores relacionados con amenazas a la seguridad del menor. A la mañana siguiente el niño es capaz de recordar con detalle lo que ha soñado y se orienta rápidamente. Suelen estar en relación con situaciones de ansiedad o problemas durante el día, como separarse de los padres, quedarse solo, temor a la oscuridad y, a veces, a dormir y no despertar.

Estas manifestaciones suelen ser temporales y se van pasando a medida que el niño se vaya relajando.

Terror nocturno. A veces se confunden las pesadillas con terrores nocturnos, aunque estos últimos se diferencian claramente porque durante el sueño hay generalmente actividad física, gritos y nerviosismo. Durante el episodio, aunque lo parezca porque tiene los ojos abiertos, el niño no llega a estar despierto, se encuentra confuso y a la mañana siguiente no recuerda qué le ocurrió. Si a su hijo se le produce este tipo de alteración durante el sueño, es importante no despertarle, tranquilícele e intente que continúe durmiendo. Si estos sucesos se repiten es conveniente que consulte con el médico.

Qué se puede hacer

En el caso de que presente problemas de sueño de forma repetida, si persisten más de un mes y no tiene ningún problema físico que lo justifique, puede consultar con el pediatra o con un psicólogo conocedor de los problemas del desarrollo que diagnostique el problema y le ayude a llevar a cabo pautas que ayuden a su hijo a dormir.

Tenga en cuenta que, al ser un problema frecuente, repetitivo y que tiene lugar en horas de descanso, usted se va agotando y su tensión aumenta, de modo que si al niño le cuesta relajarse para dormir, no sentirá en usted la tranquilidad que necesita que le proporcione. Además cuando se suceden estos episodios, es habitual que el padre piense que ha perdido el control de la situación o que se culpabilice por *no ser un buen padre*. Todas estas ideas, sentimientos negativos y emociones acerca de su actuación no harán más que dificultar la solución del problema. Si éste es su caso, tome medidas para hacer turnos con su pareja o con otra persona que le ayude a descansar y recuperar fuerzas. Se tiene que cuidar: estas circunstancias son complicadas por el estrés que implican.

Con respecto a su hijo, obsérvele durante el día en aquellas situaciones donde puede estar estresado y trate de aliviar tensiones. Dedíquele tiempo, reduzca la exigencia e intente establecer rutinas que le tranquilicen.

Aunque hay manuales muy interesantes sobre técnicas para que los niños se acostumbren a dormir, recuerde que cada persona es diferente y que en el caso de su hijo adoptado no se trata de reformar un hábito sino de adquirir uno nuevo en unas circunstancias distintas para él, por lo que quizás algunas indicaciones más drásticas no sean adecuadas. En este sentido, la comodidad física y el establecimiento de confianza son los elementos más útiles para ayudar a todos los niños a desarrollar autocontrol sobre sus miedos.

Usted puede ayudarle a relajarse ante los miedos nocturnos y decidir acostarse con él brevemente para proporcionarle tranquilidad. Su hijo debe saber que cuando tiene miedo o se siente mal, sí puede ir con usted a su cama para que le calme y le cuide. Esto afianzará su vínculo. Pero tenga en cuenta que es una solución puntual mientras se sienta inseguro, y que el niño debe adquirir independencia y autonomía ya que, en el caso de que se acostumbre, el problema de temor o ansiedad más que solucionarse se prolongará.

También puede permitir a su hijo dormir en un cuarto parcialmente alumbrado, en vez de hacerlo en la oscuridad completa. Puede instalar por la noche una pequeña lamparita conectada a la corriente que proporcione una luz tenue y aporte seguridad. Ofrézcale, además, objetos consoladores de transición: un peluche o un muñeco querido. Intente eliminar todo aquello que provoque o exacerbe sus temores y deje la puerta del dormitorio entornada, de modo que el niño no se sienta aislado del resto de la familia. También es bueno tener cuentos que hablen sobre miedos y leerlos con su hijo.

«Cada noche antes de meterse en la cama, mi hijo de cuatro años, al que adoptamos en Rusia seis meses antes, cogía su caballito de peluche, buscaba un cuento y yo enchufaba entonces un dispositivo luminoso que dejábamos encendido hasta la hora de despertar. Por la mañana lo quitábamos juntos. Fue el sistema que se nos ocurrió para que no pasara miedo. Un año después prescindimos de la lamparita.»

Alimentación

Uno de los procesos de adaptación por el que tiene que pasar su hijo adoptado es el de acostumbrarse a ingerir nuevos alimentos, con sabores, texturas y aspecto diferente a los que consumía en el orfanato. Si es más mayorcito aprenderá varias cosas nuevas, por ejemplo, si antes comía con la mano o con palillos, se le enseñará a utilizar los cubiertos y tendrá que adquirir buenos hábitos en la mesa. También averiguará que no es preciso comer deprisa para que nadie le quite su ración o que la comida está asegurada y no es necesario que guarde previsoramente algunas sobras por si tiene hambre.

Sobre todo, se encontrará con dos conceptos nuevos: de la comida se puede disfrutar, y la alimentación es un aspecto más del afecto que le muestran sus padres, de modo que el momento de sentarse a comer o a cenar supone un motivo de reunión familiar agradable.

«Me impresionaba mucho cuando mis hijos adoptaron a la niña, ver que comía todo lo que había en el plato sin perdonar

un granito de arroz. Se notaba que a pesar de lo pequeña que era, mi nieta sabía valorar lo que era disponer de comida.»

Hay niños que, acostumbrados a comer determinados alimentos, extrañan los nuevos y pasa mucho tiempo hasta que de forma plena aceptan nuestros modos de alimentarnos y el tipo de comida. Puede ocurrir, por ejemplo, que una niña procedente de un país asiático se niegue a tomar chocolate y galletas para desayunar y prefiera fideos, de modo que señale el bote que tiene su madre en la cocina; o que una niña china rechace los productos lácteos por falta de costumbre y sea un trabajo paciente y lento –pueden pasar años– hasta conseguir que comience a probar la leche y sus derivados.

También ocurre lo contrario, que los niños adopten enseguida los nuevos alimentos y disfruten con ellos. En todo caso usted debe tener paciencia y entender que su hijo ha perdido por completo las referencias que tenía y parte de cero en todo lo relativo a la alimentación.

Hay niños, incluso mayores, que en los primeros meses, acostumbrados a un horario muy rígido de comidas en la institución en que se encontraban, se ponen nerviosos y lloran según se acerca la hora habitual –para ellos– de comer. Si esto le ocurre a su hijo, intente establecer un horario observando los momentos en que el niño empieza a necesitar su alimento. Si algún día por circunstancias especiales (un viaje, una comida fuera de casa, etc.), no puede respetar dicho horario, lleve para el niño galletitas, fruta fácil de pelar o cualquier otro producto que le permita responder a las exigencias de su estómago. Si queda con amigos en un restaurante, no tenga reparo en indicar que la hora de la cita sea la que mejor convenga a su hijo. Todos lo entenderán.

«Durante el primer año me acostumbré a llevar mandarinas, galletas y quesitos en el bolso por si nos retrasábamos con las

comidas. Según pasaba el tiempo, esa necesidad tan imperiosa que tenía mi hijo por comer a determinadas horas fue apaciguándose.»

Qué significa alimentarse

Para todos los seres humanos la alimentación es una tarea primordial. En el caso de niños que han sufrido privaciones, puede convertirse en un objetivo básico.

Alimentarse es una función biológica regulada por el mecanismo del hambre y que varía a lo largo del desarrollo. El bebé es incapaz de proveerse de alimentos y comer es una de las formas más importantes de relacionarse con la madre. A partir de aquí se establecen las relaciones de afecto entre madre e hijo y no es de extrañar que la madre se muestre preocupada respecto a la crianza de su hijo. Es frecuente que los padres comenten el placer que les supone poder compartir con su hijo el acto de alimentarle, porque les permite involucrarse de forma especial con su crecimiento y evolución.

Su hijo adoptado, al sentirse alimentado y seguro, establecerá una nueva relación con usted. Es muy probable que el niño adoptado, incluso de cuatro años, disfrute tomando el vaso de leche sentado sobre las rodillas de su madre o de su padre mientras conversan, escucha un cuento o simplemente sienta la emoción de compartir ese momento de cariño.

«Celia, mi hija adoptada con tres años, tuvo una temporada que duró bastante tiempo en que pedía tomar biberón. Se sentaba en mi regazo y cerraba los ojos con expresión de felicidad mientras lo terminaba. Aún a los cuatro años, algunas veces me preguntaba si podía usar el biberón.»

Como datos básicos usted debe saber que a partir del año el niño ya empieza a comer alimentos sólidos y que a los dos años empieza a tomar los alimentos por sí mismo, empezando a ser autónomo.

Seguramente si su hijo no es un bebé menor de año y medio ya sabe comer solo, pues en el orfanato habrá tenido que aprender de muy pequeño. Así pues además de este período de adaptación que puede ser más o menos largo según cada niño, usted tendrá que enseñar a su hijo hábitos sanos y reglas de conducta.

Modelos. Las costumbres de alimentación varían de unas familias a otras. Comer bien, es un ajuste que depende de cada familia, de sus hábitos alimenticios y de los criterios médicos o pediátricos.

Los niños necesitan un modelo por parte de los adultos y también deberán conocer todo lo que rodea a la hora de comer: silla, mesa, servilletas, cubiertos, frases del adulto, horario de comida, etc.

Vigile cómo se comporta mientras come delante del niño. Los niños aprenden conductas imitando de los adultos.

Apetito. Tenga en cuenta que el apetito varía de unos niños a otros y por temporadas. Observe a su hijo y advierta sus características cuando come. Si come mucho, si se sacia pronto, si rechaza o prefiere alimentos. Cuando el niño ha estado enfermo es habitual que pierda el apetito y una vez sano lo vaya recuperando paulatinamente. No ponga raciones muy grandes de modo que el niño pueda acabarse lo que le puso en el plato.

Reglas. Establezca reglas en la comida de manera que el postre o lo que más le gusta venga después de haber terminado el plato principal. No debe dar de comer al niño entre horas, deberá guardar un horario y enseñarle hábitos. Procure no acostumbrarle a comer golosinas, pero no se las prohíba totalmente.

Algunos problemas

Los problemas de alimentación suelen ser uno de los problemas del desarrollo que más preocupan a los padres. Esto les lleva a prestar a veces excesiva atención al niño cuando no come o creen que come poco. Esta preocupación conduce a forzarlo por diferentes métodos para que coma, lo que convierte la hora de comer en una situación estresante y tensa.

Es necesario no presionar al niño. El niño *aprende* que de esta forma consigue la atención del adulto, y por lo tanto con frecuencia la puede utilizar con distintos objetivos.

Las conductas más frecuentes son rechazar la comida, comer deprisa o vomitar.

Si come deprisa. Algunos niños comen con ansiedad y demasiado rápido, probablemente por haber tenido que asegurarse la comida anteriormente. Se introducen en la boca trozos grandes, no mastican de forma adecuada o no hacen pausas entre un bocado y otro. Esta costumbre a largo plazo puede tener consecuencias negativas para su salud: vómitos, no encontrarse saciado, problemas gastrointestinales, etc.

¿Cómo ayudarle?

- La familia debe procurar sentarse a la mesa y comer despacio.
- Se puede disponer en el comedor o en la cocina comida a su alcance explicándole que no tiene que comer deprisa o guardar comida porque la tiene a su disposición.
- También puede establecer tiempos y que el niño se deba ajustar a ellos.
- Elogiar cualquier intento del niño por comer más despacio, con comentarios positivos, caricias, alguna actividad, o golosina.

Para introducir alimentos o texturas nuevas

- Elija aquella comida del día en la que pueda dedicar más tiempo a su hijo.
- Haga un listado de los alimentos que a su hijo le gustan y los que no toma.
- Seleccione aquellos que tengan menos probabilidad de rechazo y comience a presentárselos en pequeñas cantidades.

- Una vez que haya comido el primero dele el alimento que le gusta más.
- Aumente progresivamente pequeñas cantidades de los alimentos nuevos y vaya presentándolos seguidos de los que conoce y prefiere.
- Refuerce los intentos de su hijo cada vez que se coma la comida nueva.
- Si le cuesta masticar empiece con pequeñas cantidades, desmenuzadas y vaya ofreciéndole trozos más grandes gradualmente.

Si utiliza la comida para conseguir algo. Hay ocasiones en las que el vómito infantil tiene como objeto evitar algo, como por ejemplo ir a la escuela. Pueden producirse camino del colegio, en el colegio mismo e incluso antes de acudir al centro o al salir de casa. Una vez que se descarta la existencia de un problema fisiológico, el siguiente paso consistirá en no permitir que el niño consiga no ir a la escuela o el objetivo que pretenda. Es importante hacer que se enfrente a la situación que rechaza. Si observa que vomitando no va al colegio o deja de hacer algo que no le gusta, aumentarán los vómitos. Cuando son llamadas de atención, lo más adecuado es retirar la atención de esas conductas negativas y focalizarla sobre comportamientos adecuados.

Vómitos

- Los vómitos son una respuesta natural de defensa originados por diversos motivos: problemas de estómago, alergias a determinados alimentos.
- Se debe descartar la existencia de problemas fisiológicos.
- Generalmente, la actuación de los adultos (preocupación, comentarios, nerviosismo, enfado, actitud negativa) influye en el niño que, en consecuencia, también se pone nervioso y puede rechazar el momento de la comida por la tensión generada.
- Hay que intentar que el momento de comer sea relajado y no se debe estar esperando o atendiéndole por si vomita.
- Recuerde reforzar al niño cuando ha efectuado un esfuerzo para evitarlo.

Control de esfínteres

El control de esfínteres sigue un curso evolutivo que tiene que ver con la maduración neurológica y de los órganos responsables de su control y por tanto no es posible acelerar su adquisición. Este logro evolutivo varía según la edad. Algunos niños son más lentos que otros para adquirir el control y puede que en ocasiones el niño tarde más de lo esperado. Los retrasos suelen ser fuente de preocupación y estrés para la familia por la adquisición de un desarrollo saludable para el niño y la necesidad de prolongar las rutinas de limpieza. Pero sí es posible que la actuación de los padres o educadores ayude o no a su desarrollo normal.

Si cuando su hijo llega a casa no ha establecido el control de esfínteres, es conveniente que conozca el proceso de aprendizaje.

Desarrollo

La mayoría de los niños controlan esfínteres en el día entre los dos y los tres años. El control de la evacuación suele conseguirse antes que el de la micción y las niñas suelen adquirirlo antes.

Aún así, varía de unos niños a otros, y aunque se haya adquirido pueden ocurrir accidentes, sobre todo si el pequeño está nervioso o excitado. Si le ocurre, tómeselo con tranquilidad, tenga en cuenta que el niño está aprendiendo una nueva habilidad.

Si su hijo todavía no controla puede ser porque exista un retraso madurativo en estos aspectos y necesite más tiempo. No haga de ello un problema, porque puede ser contraproducente.

También puede tener una tendencia al estreñimiento y no sentir la necesidad de ir al cuarto de baño regularmente. Asegúrese de que su hijo realiza una alimentación equilibrada, con frutas, verduras y alimentos con alto contenido en fibras y de que bebe suficiente líquido. Si es el caso, también es posible que el cambio de alimentación pueda ocasionar un funcionamiento intestinal más lento.

En ocasiones el niño puede haber experimentado dolor en la deposición y por ello tener miedo de ir al baño, lo cual agravará más su estreñimiento.

En el caso de que se prolongue la falta de control del pis o haya vuelto a mojar después de un tiempo seco, descarte con el médico que no tenga infección, que puede ocurrir ocasionalmente.

También es posible que el niño esté estresado y se encuentre bajo presión por alguna razón o por los cambios que se están produciendo en su vida o, más adelante, por situaciones que le pueden estar afectando negativamente.

Tenga en cuenta que es un aprendizaje mediado por los padres. Si usted no conoce las pautas, presiona en exceso o castiga al niño, puede obstaculizar el control. Trate de favorecer su desarrollo animándole a ello.

Pautas para aprender el control

Deje que le acompañe al lavabo para que aprenda a usarlo cuando llegue su momento y piense que entre los dos años y medio y los cinco años, alcanzará el control total aunque puede tener escapes accidentales.

Control intestinal

- En torno a los 15-18 meses, acostúmbrele, sin obligarle, a sentarse unos minutos en el orinal después de las comidas, cuando fisiológicamente se produce el reflejo gastrointestinal de defecación.
- Durante los 18-24 meses, su hijo ya se sentará en el orinal.
- De los dos a los dos años y medio, su hijo comenzará a sentirse más autónomo y a no querer mancharse. Es el momento de iniciar el aprendizaje, pero no hay que obligarle.
- Elógiele cuando no se ensucie y haga uso del váter.

- Aunque a veces pueda costar, no asocie la defecación con sensaciones negativas, olor, asco, etc.
- Hay niños pequeños que juegan con las heces. Si este es el caso de su hijo, no ponga cara de asco, adviértale que no es algo para jugar y lávele las manos como si se hubiesen ensuciado jugando con pinturas. Es una conducta normal de experimentación. Si se repite y el niño tiene más de tres o cuatro años deberá consultarlo.

«Mi primera hija adoptada se quitó el pañal sola con poco más de dos años. Con nuestra segunda niña pensamos que si su hermana lo había conseguido, ella también podría. Lo hicimos fatal: le quitamos el pañal en verano y la perseguíamos con el orinal. Le retirábamos su muñeco favorito si no lo utilizaba o si se hacía pis. El resultado fue nefasto. A los cuatro años y medio seguía necesitando pañal para dormir. En nuestra tercera adopción decidimos no obligar a nuestro hijo. Antes de cumplir los tres años lo había conseguido.»

Pautas para el aprendizaje

- Permita que les vea a ustedes haciendo uso del cuarto de baño.
- No fuerce al niño antes de tiempo a utilizar el orinal.
- Deje que se familiarice con el uso del orinal: si ha mojado el pañal, limpie a su hijo y siéntelo en el orinal mientras coge otro pañal.
- En las primeras etapas de control, evite hacerle esperar cuando le pide el orinal. Es un período en el que avisa, pero no puede aguantarse durante mucho tiempo.
- Establezca períodos regulares para ir al baño, cuando sale de casa, a media mañana cuando vuelve y por la noche, antes de irse a dormir.
- Elogie a su hijo y haga que sienta que adquirir el control es un logro propio cuando sea capaz de avisar y/o mantenerse seco.

- No le regañe si tiene escapes de pis, no le compare con otros niños y no le avergüence delante de otros. De esta forma, aumentan el miedo y la inseguridad de su hijo y disminuyen su capacidad de autocontrol.

«Cerca de los tres años, Sofía llegó a la escuela infantil con pañal. La habíamos adoptado apenas cuatro meses antes. Los primeros días vio que muchos de sus compañeros usaban los lavabos escolares. Le compré unas braguitas con dibujos infantiles, muy graciosas. Cuando las vio se puso muy contenta, se quitó el pañal y no quiso usarlo más.»

- Enseñe a su hijo hábitos de higiene adecuados: limpiarse, limpiar el orinal o tirar de la cadena, lavarse las manos, etc.
- Aun cuando se esté intentando el control nocturno, permita que beba líquidos. De lo que se trata es que el niño tenga la sensación de retención de pis.
- Si una vez que le ha quitado los pañales durante el día, su hijo permanece seco, puede quitárselos por la noche, pero deberá hacer pis antes de irse a dormir.
- Deje un orinal cerca de la cama, vístale con ropa fácil de quitar que le permita utilizarlo por la noche. No se enfade si su hijo requiere su ayuda y le llama. Hacerse responsable del uso del orinal puede resultarle aún difícil.
- Utilice empapadores desechables debajo de la sábana de manera que el niño no lo vea pero sepa que está ahí y resuelva problemas de preocupación por si se hace pis. Esta solución es muy práctica en los primeros días tras la adopción, con niños mayorcitos que no usan pañal, pero a los que la situación de estrés y nerviosismo puede llevarles a perder el control.

«Mi hija tenía casi tres años y no llevaba pañales cuando la adoptamos, pero cuando aún no habían pasado dos meses, se

hizo pis en la cama. Se mostró muy avergonzada y lloró. Durante la siguiente noche coloqué un empapador bajo la sábana y se lo enseñé. Le dije que durmiera tranquila que si tenía algún accidente no se mancharía nada. No volvió a ocurrirle.»

Problemas especiales

Enuresis. La enuresis es la falta de control urinario después de la edad prevista. En general, se considera que a la edad de cinco años (para las niñas) y de seis años (para los niños) se debe haber adquirido el control de la vejiga.

Si esto no es así, hablamos de enuresis; el niño se hace pis repetidamente durante el día o la noche, en la cama o en su ropa, de forma involuntaria o intencional.

Existen varios tipos de enuresis. Si nunca ha controlado (primaria) o si después de un período de ocho o nueve meses, en el que su hijo ha controlado, vuelve a hacerse pis (secundaria) y dependiendo del momento, diurna o nocturna. Cuando no se da el control es posible que esté relacionado con situaciones que produzcan ansiedad al niño como, por ejemplo, inicio de colegio, un nuevo hermano en la familia o problemas escolares de rendimiento o con los compañeros. Estos datos serán importantes para el pediatra o para el profesional que lo atienda, a fin de averiguar la raíz del problema. Una vez descartados los problemas de origen físico, se debe valorar la situación del niño para diagnosticarle y poderle tratar adecuadamente.

Encopresis. En general se considera que a la edad de cuatro años los niños deben haber adquirido el control intestinal. Si esto no es así, hablamos de encopresis. Puede ser debida a estreñimiento crónico o a una historia de aprendizaje inadecuada, a una reacción ante una situación estresante, o como llamada de atención. En estos casos una vez descartada la patología médica hay que consultar con un psicólogo especializado en desarrollo infantil para que se diagnostique el problema y se intervenga adecuadamente.

¿Qué se puede esperar a cada edad?

Edad	Habilidades motoras	Coordinación manual	Atención
		Preescolar	
12-16 meses	Comienza a ser inquieto y activo Sube escalones como trepando Corre		
18-24 meses	Salta Se tropieza Empieza a desarrollar el equilibrio Le gusta jugar «a lo bruto»	Juega a poner dentro y fuera de recipientes Lanza una pelota Come solo con la cuchara Pinta una línea Construye torres Guarda los juguetes con ayuda	Se centra en un juego u objeto durante 3-5 minutos pero la atención desaparece enseguida.
2-3 años	Necesita moverse con distintas actividades Se mantiene un poco a la pata coja Pedalea en triciclo Sube escalones de uno en uno Se calma si se hace daño	Hace figuras reconocibles Le gusta pintar, copia círculos, hace cruces Hace puzzles y construcciones sencillos Le gusta jugar con la arena y el agua Empieza a utilizar las tijeras Se quita la ropa	A veces mantiene la atención durante 10 minutos o más en actividades que a él le gustan Empieza a ser capaz de interrumpir lo que está haciendo para atender a lo que se le pide Necesita tener un tiempo tranquilo Se distrae fácilmente con los ruidos

(*Continúa*)

Edad	Habilidades motoras	Coordinación manual	Atención
Preescolar			
3-4 años	Le gusta el juego físico Se sostiene en pedales Salta con un pie, sigue una línea manteniendo el equilibrio Coge una pelota grande cuando se la tiran	Le gusta hacer construcciones y construir un puente Se pone los zapatos Puede engarzar una cuenta con un hilo	Puede estar de 15 a 20 minutos con un juego de atención Prefiere escoger sus actividades y jugar tranquilo Sintoniza con facilidad lo que le propone el adulto Puede atender 10 minutos a un adulto o a una actividad de grupo Para escuchar lo que se le dice tiene que parar lo que está haciendo y mirar
4-5 años	Baja las escaleras alternando los pies Puede andar un buen trecho Monta en bicicleta sin ruedines	Puede vestirse solo y doblar la ropa Puede recortar figuras Sabe contar	Mantiene la atención en un juego Ocasionalmente puede escuchar y hacer otra cosa sin dejarla Sigue las instrucciones dadas a un grupo

Escolar			
6-8 años	Tiene ya la lateralidad de la mano definida Camina, salta con estabilidad Se puede mover de diferentes maneras Monta en bici Puede correr y chutar una pelota Es capaz de nadar un ancho	Sujeta el lápiz correctamente Escribe la mayoría de las letras Enseguida aprende a leer y escribir con soltura Puede mirar y dibujar Puede hacer juegos de construcciones de piezas pequeñas	Puede mantener la atención 30 minutos en una actividad que él seleccione Puede seguir instrucciones dirigidas a un grupo Puede acabar las tareas en el aula sin supervisión constante Se acuerda de llevar al colegio lo que necesita
9-11 años	Si le tiran una pelota la coge y sabe moverse en juegos de equipo Sabe hacer «el pino» apoyándose en la pared Puede nadar un largo	Sabe enhebrar una aguja Escribe redacciones Lee cuentos o historias Disfruta con construcciones complejas	Tiene intereses definidos Puede escuchar algo y pensar críticamente sobre ello Se enorgullece cuando hace bien el trabajo
11-14 años	Hace ejercicio con facilidad Juega en equipo Puede hacer una caminata Va perfeccionando sus habilidades Es consciente de sí mismo	Puede dibujar con detalle Le gusta hacer cosas diferentes Sabe usar el ordenador y jugar a juegos complicados	Tiene interés en actividades que no son escolares Puede comprometerse con las cosas Ayuda y comparte tareas de casa Recuerda hacer las actividades y deberes escolares

Edad	Desarrollo cognitivo	Relación social-emocional	Lenguaje	Desarrollo conductal-autonomía
Preescolar				
12-18 meses	Le gusta mirar cuentos de imágenes Imita los comportamientos que ve. Imita con objetos que usa (taza, cuchara…)	Mira a la cara del adulto para encontrar claves que guíen su comportamiento Le gusta estar con sus seres queridos Señala cuando quiere algo	Expresa deseos señalando Entiende «*¿Dónde está?*», «*¡No!*» y frases simples Dice las primeras palabras claras	Le cuesta separarse de sus padres Le gusta hacer lo que le apetece Necesita rutinas, descansos, mucha supervisión y ayuda
18-24 meses	Juega con coches, muñecos, con un sentido (no los alinea únicamente) Sabe diferenciar y agrupar objetos	Muestra las cosas a otros Mantiene turnos en la interacción con una persona Es capaz de reconocer emociones Come en la mesa	Participa cantando canciones simples Empieza a unir 2-3 palabras Tiene un vocabulario de 50 palabras	Quiere comer solo Cierta preparación para el control de esfínteres Las rutinas de sueño ya están establecidas

2-3 años	Tiene un juego simbólico con acciones secuenciadas Utiliza los objetos como si fueran otra cosa (simbólicamente) Tiene un juego imaginativo. Inventa cosas Le gusta disfrazarse Su juego es más variado	Le gusta mirar a los niños o jugar cerca o al lado de ellos Colabora en una actividad que dirija el adulto Le gusta ayudar Se separa si se siente seguro Usa algunas palabras para expresar emociones	Empieza a usar pronombres Dice frases de tres elementos Hace preguntas básicas Empieza a usar algunas referencias al pasado y al futuro Escucha historias cortas Entiende frases largas Se habla a sí mismo Tiene un vocabulario amplio	Busca independencia Experimenta mucha frustración Comprueba límites Necesita rutinas, descansos, cariño y firmeza Anda de la mano, sigue instrucciones simples Aparecen muchas rabietas Empieza a tener en cuenta a los otros
3-4 años	Colorea dibujos Juega con juegos de asociación, dominós, etc. Inventa historias jugando con arena o con el agua Se disfraza y representa papeles en los juegos	Realiza lo que se le manda Comienza a tener más interés por jugar con sus iguales Empieza a escuchar y entender la visión y sentimientos de otras personas con empatía	Hace muchas preguntas Habla de forma amplia y clara Ya sabe usar turnos en la conversación Escucha atentamente cuando se le habla Intercambia sentimientos sobre sucesos pasados y futuros No usa el lenguaje fuera de contexto	Más cooperativo Sigue reglas sociales y cumple con lo que se le pide Respeta turnos Aprende a compartir juguetes y objetos con otros Se cansa Se mantiene seco y limpio durante el día

(Continúa)

Edad	Desarrollo cognitivo	Relación social-emocional	Lenguaje	Desarrollo conductal-autonomía
Preescolar				
4-5 años	Aumenta la complejidad en el juego (más secuencias) Hace construcciones y dibujos más complejos	Le gusta jugar con otros Negocia con otros Entiende convenciones sociales Empieza a expresar algunos sentimientos con palabras	Puede narrar una secuencia corta de sucesos Es capaz de hablar con distintas personas Sigue aumentando su vocabulario	Se puede controlar dentro de un grupo Se le pueden dar pequeñas responsabilidades Cuida a niños más pequeños Comienza a ser capaz de perder
Escolar				
6-8 años	Es capaz de inventar historias largas con personajes Puede planificar y encontrar todo lo necesario para hacer una tarea Puede contar hasta 100 y completar sumas sencillas con las 4 operaciones	Le gusta jugar con otros niños Tiene uno o más amigos con los que juega en el colegio y en casa Busca contacto afectivo con otros Cuida de mascotas	Habla de manera clara con distintas personas Cuenta o describe lo que le ha pasado Sabe deletrear palabras Puede leer textos sencillos Puede escribir un resumen breve sobre un suceso	Es capaz de estar relajado Duerme fácilmente Suele mostrarse confiado haciendo las tareas escolares Valora positivamente sus habilidades Participa en equipos Disfruta del tiempo que comparte con sus padres Suele ayudar en casa

9-11 años	Puede razonar un problema Puede planificar y completar una tarea (p. ej., cocinar una comida) Puede aportar sus propias ideas creativas al juego Sabe aplicar las matemáticas a la vida diaria	Ahora los amigos son muy importantes Se empieza a dar cuenta de que es un niño mayor del colegio Está interesado en diferentes puntos de vista Le gusta asumir responsabilidades Tiene cierta curiosidad por el otro sexo	Puede describir una situación complicada, teniendo en cuenta al interlocutor Le gusta leer textos más complejos Puede escribir un resumen detallado de un suceso, sin errores de ortografía ni de puntuación	Se encuentra tranquilo consigo mismo Se puede confiar en él Se siente seguro en el trabajo escolar Puede hablar de forma positiva sobre sus habilidades y sus amigos Participa en equipos Sigue disfrutando de algún tiempo con sus padres Le gusta ayudar y ser amable
11-14 años	Se interesa por conceptos como la justicia Le interesan las historias del cine, el teatro o inventárselas Le divierte solucionar problemas	Los amigos son muy importantes Sabe ser respetuoso con los adultos no familiares Tiene curiosidad por el sexo, alcohol y drogas	Continúa leyendo. Lee novelas Sabe exponer su propio punto de vista hablando o escribiendo Desarrolla el pensamiento crítico	Busca independencia e intimidad Es inseguro e impredecible Puede estar ansioso e irascible Necesita de sus padres pero que no interfieran en sus cosas Ayuda si se le pide

3

Adopción y escuela

Elegir la escuela

En España la enseñanza es obligatoria entre los 6 y los 16 años y este principio legal también se aplica a los menores adoptados, ya que éstos son españoles de pleno derecho y como tales disfrutan de los mismos derechos y deberes que cualquier hijo biológico.

Así pues, al convertirse en padres adoptivos, entrarán a formar parte de sus vidas las guarderías, los colegios, los institutos e incluso, si se da el caso, la universidad.

Hay un período durante el proceso de adopción, entre la tramitación del expediente y la asignación del menor adoptado, en el que es conveniente mantenerse activo haciendo gestiones que faciliten el futuro (ver el libro *¡Quiero adoptar!*, de Ediciones Ceac). Cuando el hijo adoptado vive con usted, parece que ya no hay tiempo para nada: entre atenderle, las rutinas diarias, las comidas, las revisiones médicas, las compras, jugar con él..., el tiempo pasa volando.

Es por esto imprescindible buscar la información antes de que el menor adoptado llegue al hogar familiar y haber tomado alguna decisión sobre la educación que se desea que reciba.

Criterios de selección

Normalmente, en esta selección de modelo educativo y de colegio influyen la mentalidad familiar y los recursos económicos.

- Muchos padres deciden el tipo de educación que va a recibir el menor adoptado en función de su coste. Así, habrá que optar entre un colegio público, uno subvencionado o uno privado. No hay que olvidar que el coste escolar implica toda una serie de gastos, no sólo la cuota mensual por enseñanza. Normalmente, a través del colegio y de las amistades que en él haga, el niño participará en actividades extraescolares y/o sociales que suelen conllevar un continuo desembolso económico. El tener que negar al hijo sistemáticamente, en su caso, la participación en estas actividades, puede desembocar en un desajuste escolar, por lo que hay que tomar una decisión y asumir las consecuencias.

  Esto no significa que no se pueda cambiar al niño de colegio en función de los avatares de la vida, pero sí es importante que durante su proceso de adaptación, que puede ser variable y durar hasta dos años, el hijo adoptado disfrute de la mayor estabilidad posible.

- De acuerdo con los valores o expectativas familiares, así como de la religión que se profese, se escogerá entre una educación más tradicional o una más avanzada, entre un colegio religioso u otro laico.

  Lo importante es que el menor reciba los mismos mensajes en casa y en el colegio. La coherencia es necesaria en la educación de un niño de corta edad y hasta que tenga formada su propia personalidad y sepa defender sus ideas e impedir que las informaciones contradictorias le sumerjan en la duda y en la inseguridad. El hijo debe crecer seguro de sí mismo y del entorno que le rodea.

  Lo anterior no excluye la necesidad de fomentar un cierto espíritu crítico para que el hijo vaya desarrollando e incrementando su cuota de autonomía conforme vaya creciendo y madurando.

- Además, entran a formar parte de la ecuación cuestiones como la formación que se quiere que reciban los hijos: así, algunos colegios dan más importancia a los idiomas, otros al deporte, otros a las asignaturas de ciencias y otros a la formación humanista. Hay colegios donde se fomenta la competitividad individual, mientras que en otros se valora más el trabajo colectivo. Algunos centros aceptan un mayor número de niños por aula, mientras que otros mantienen grupos más reducidos.

Aunque el método pedagógico no suele ser un criterio frecuente en la selección de la escuela, últimamente se está dando importancia a este factor por parte de los padres adoptivos. Dadas las peculiaridades del niño adoptado y su posible desfase evolutivo, es importante que la exigencia educativa se adecue a sus necesidades y, en el caso de que muestre alguna dificultad, que los métodos pedagógicos sean adaptados a sus necesidades educativas. Por estas razones es aconsejable reflexionar sobre los métodos de enseñanza atendiendo a aquellos sistemas pedagógicos que tienen en cuenta los ritmos y las diferencias individuales en el aprendizaje.

- También se suele considerar, en el momento de tomar la decisión, si se ha sido antiguo alumno de un centro que se recuerda con cariño y, si se vive en una gran ciudad o en zonas rurales, la cercanía o al menos las buenas comunicaciones con el domicilio familiar. Una distancia excesiva supondrá que el menor tarde demasiado tiempo en desplazarse entre el centro escolar y el hogar familiar.
- Por último, es posible que influyan las relaciones familiares y sociales; puede buscarse que el menor coincida en el mismo colegio con hermanos, primos o hijos de matrimonios amigos; o con compañeros que pertenezcan al mismo entorno socioeconómico, de manera que su estilo de vida sea similar al propio.

Los padres adoptivos deben considerar las ventajas y los inconvenientes de todas estas alternativas antes de que el menor adoptado llegue a España. Incluso pueden hablar previamente a la llegada con el centro para saber si hay más alumnos adoptados, si los profesores tienen experiencia en la integración de niños adoptados, si se cuenta con profesores de apoyo, si hay alumnos de otras razas y de otros países. En una palabra, si el centro está preparado para recibir e integrar al menor adoptado.

Es normal por parte de los padres desear que los hijos reciban una educación que les permita el día de mañana tener al menos las mismas oportunidades que tuvieron ellos y, si se plantean unas expectativas más altas o un elevado nivel de exigencia, ofrecer al hijo una educación que le permita aún optar a más oportunidades en el futuro.

La elección de escuela es importante y merece la pena dedicarle un tiempo de búsqueda de información y hacer una buena selección. El día de mañana, su hijo le agradecerá este esfuerzo, por la ayuda que le haya supuesto para su integración y por la formación que haya recibido, lo cual a su vez contribuirá a que sea una persona más feliz.

Cuándo y cómo incorporar al menor adoptado a la escuela

Cuando el menor adoptado llega a la familia, los padres tienen que evaluar de nuevo las alternativas en función de las características de su hijo, ya que cada niño tiene una determinada capacidad y, en ocasiones, las expectativas paternas son superiores a la realidad del menor.

Habrá que volver a plantearse la elección de la escuela, ya que si el niño es mayor de seis años es recomendable que se incorpore al colegio en un plazo de entre uno y tres meses. Este período se fija para dar tiempo a que el menor se haya identificado con sus padres adoptivos antes de separarse de ellos, aunque sólo sea unas horas al día. Normalmente este plazo coincide con la baja laboral paterna/materna y así los padres disponen de más tiempo libre para pasarlo con el menor recién llegado. Si, además, este período puede hacerse coincidir con las vacaciones de verano o de Navidad, mucho mejor.

En cualquier caso, y tras una primera selección de centros, hay que decidirse definitivamente y elegirlo sin agobios que sólo contribuirían a decantarse por una opción precipitada o errónea.

Hay que reiterar que durante el proceso de adaptación no conviene que se produzcan alteraciones innecesarias: para el menor es un momento difícil, tiene que adaptarse a un entorno familiar y social nuevo, por lo que un cambio de colegio no facilitaría su integración.

La escuela es el medio ideal y donde todos hemos aprendido a relacionarnos con otras personas y a vivir en sociedad. En el colegio se aprende a hacer amigos, a estudiar, a adquirir conocimientos, a esforzarse por conseguir objetivos, a compartir, a cuidar las propias cosas, a defender las ideas particulares, a protegerse frente a ataques, a desarrollar recursos... El ingreso del niño en el sistema educativo español es necesario y esencial para facilitar su integración y adaptación al nuevo entorno social.

Es preferible que la incorporación al colegio se haga paulatinamente, sobre todo si su hijo es menor de seis años. Debe comenzar a asistir antes de que termine la baja laboral por paternidad, para que al terminar ésta, el niño pueda ya permanecer las horas necesarias en la escuela infantil o en la guardería. Por ejemplo, sería bueno que el menor, al cabo de, aproximadamente, un mes de estar con sus padres adoptivos y si ya se siente seguro con ellos, comience a acudir al centro dos o tres horas diarias; el tiempo de permanencia se irá ampliando poco a poco, conforme el niño se vaya sintiendo más a gusto.

Por lo general, los cuidados y la formación que se imparten hoy en día en España en guarderías y colegios tienen un nivel elevado. Por lo tanto, la incorporación de los hijos adoptados al sistema educativo español es necesaria, obligatoria y beneficiosa para ellos.

«Mi hija adoptada de tres años y medio rechazaba la idea de ir a la escuela infantil. Pedimos a la dirección del centro que previamente a la incorporación le enseñaran su aula. Entró con cierta precaución pero después de mirar todo bien, nos sonrió muy satisfecha y observó: "¡No hay camas!". Después de aquel día preguntaba cuándo empezaría a ir al cole.»

Retrasar el curso

A menudo, y en función de su capacidad y de la estimulación o formación que haya recibido en su país de origen, debe considerarse la posibilidad de que su hijo comience los estudios en un curso inferior al que le corresponde por edad.

Esta decisión depende de los padres y de los profesores, por lo que debe tomarse de forma conjunta para que el niño reciba en casa y en la escuela el mismo mensaje: no importa ir un año retrasado, lo que interesa es que el curso sea el adecuado a su capacidad o a su preparación. La presión excesiva por parte de unos padres que quieren que su hijo destaque en todo lo que haga puede provocar en el menor un sentimiento de frustración que desemboque en fracaso escolar y en problemas de adaptación.

Asimismo, una falta de sensibilidad por parte de la dirección del colegio o del claustro de profesores hacia las necesidades reales del menor adoptado, también puede dificultar el proceso de adaptación a su entorno social.

Informar al colegio sobre la adopción

Es necesario informar al colegio en el que va a estudiar su hijo de que es adoptado. Por una parte, no hay que olvidar nunca que los niños, cuando tienen problemas, intentan transmitirlos de alguna manera a los adultos que les rodean; a veces los verbalizan, pero en ocasiones se limitan a mandar señales con su comportamiento. Por lo tanto, los padres adoptivos y los profesores deben prestar una atención aún mayor a los niños adoptados, sobre todo al principio hasta que se estabilizan, por lo delicado del momento que atraviesan.

En este sentido, y quizás de forma involuntaria, los otros niños también ayudan, con sus comentarios, a detectar problemas. Todos conocemos algún caso en el que el hijo, biológico o adoptado, ha llegado a casa contando algo que le han dicho y esto ha dado pie a una conversación padres-hijo sobre lo que le preocupa.

Y a menudo, ¡cómo no!, el hijo ha vuelto llorando porque le han insultado: «*Gordinflón, canijo, dientes de hojalata...*». Pues, además, al hijo adoptado le han podido decir que no tiene padres y que se vaya a su país.

Siendo conscientes de esto, los padres y los profesores son los que enseñan a los niños a defenderse, y no a agredir o insultar, sino a dar opiniones y argumentos que los niños pueden y deben utilizar y desarrollar con el paso de los años. También sirve para reforzar y reafirmar la seguridad de su hijo, recalcar que sí tiene padres y que sí es querido, y que, en este sentido, es igual que cualquier otro niño del colegio, donde habrá hijos de padres separados, divorciados, de familias monoparentales, casados en segundas nupcias, etc. Es decir, habrá una representación de todos los modelos familiares que en la actualidad enriquecen nuestra sociedad y nos enseñan a ser más flexibles y tolerantes con las opciones y elecciones que las personas escogen ejerciendo así su libertad.

De este modo se transmiten otros valores que muchos padres manifiestan querer inculcar a su hijo: libertad, tolerancia, respeto, generosidad y, por supuesto, el amor a otras personas. Los niños desean ser iguales que los demás, esta afirmación es muy cierta especialmente a una determinada edad; la manera en cómo vivan y transmitan los padres la aceptación de las diferencias y la importancia o no de éstas, será lo que servirá al hijo adoptado para asumirlas y vivirlas de forma positiva.

Otro aspecto que no se debe olvidar es la necesidad de compartir con la dirección del colegio y con los profesores, la información que se tiene sobre el menor adoptado, y no solamente sobre sus orígenes, sino también sobre el proceso de adaptación.

Recuerde, no obstante, que puede haber alguna parte de la historia de su hijo que sea muy personal y no aporta nada añadido a lo que deben saber los docentes. Es decir, discrimine qué información de la historia previa de su hijo sólo le compete a él y a ustedes. Por ejemplo: el dato de que la madre biológica era explotada sexualmente no tiene por qué ser conocido; o detalles del tipo «fue abandonada en la calle en el interior de una caja», son algo que sólo les compete a él y a ustedes. Piense que en ocasiones los adultos pueden, con la mejor intención, comentar una información que les ha impactado y ésta acabar llegando a los oídos de su hijo. Por el contrario, por ejemplo, sí es conveniente que en el colegio sepan que el niño ha sufrido malos tratos o que se vio obligado a vivir en la calle. Esto puede explicar algunas conductas y ayudar a corregirlas.

Un niño de cuatro años que fue adoptado en Colombia se mostraba muy feliz con sus padres adoptivos y en el colegio hasta que escuchaba la palabra «trabajar». Al terminar el recreo, la profesora solía decir a los niños: «Ahora es tiempo de trabajar y no de jugar». El menor, automáticamente, se ponía triste y rechazaba hacer los ejercicios. La profesora mencionó a los padres este comportamiento y éstos le explicaron que el menor había sido explotado laboralmente por su familia de origen. Con esta información, la profesora sustituyó la palabra «trabajar» por expresiones del estilo de «hay que hacer las tareas», lo que bastó para que el niño no volviera a mostrar tristeza o rechazo.

Conversaciones con los docentes

Hay que pensar que toda la información que se proporciona al colegio y a los profesores será utilizada positivamente por ellos para facilitar el proceso de adaptación y de integración del menor. Ustedes han elegido el colegio basándose en una serie de premisas. Por lo tanto, deben tener confianza en unos profesionales que, en la mayoría de los casos, cuentan con años de experiencia y están dispuestos a ayudar a los niños en su proceso de integración.

En algunos momentos puede aportar al profesor o profesores información de material o publicaciones donde aparezcan datos sobre determinadas características de los niños adoptados. Es bueno insistir en que se favorezca un clima abierto en el que se incluya a todo tipo de familias (adoptivas, separados, monoparentales, emigrantes, etc.), así como aceptar la diversidad que haya en la clase.

> «*Una mañana estuvimos dos horas en el colegio de mi hija de ocho años realizando, junto con la profesora, una clase sobre China con sus compañeros. Hablamos del país, hicimos caligrafía con pinceles y llevamos golosinas chinas que comimos con palillos. Mi hija estaba feliz y sus compañeros se mostraron muy interesados.*»

También es recomendable, sobre todo al principio, que los contactos padres-profesores sean frecuentes para que, en la medida de lo posible, se detecten con prontitud los problemas que pueda tener el menor adoptado y se solucionen. Un problema pequeño fácil de resolver puede acabar convirtiéndose, con el paso del tiempo y si no se le presta la debida atención, en un problema complicado y de difícil solución.

Además, no olvidemos que alrededor del colegio suele haber otros profesionales que proporcionan apoyo a los niños con dificultades, como psicólogos y logopedas, que a menudo les recomendarán los propios profesores.

Si esto sucediera, no reaccione con temor o con un orgullo mal entendido diciendo «*A mi hijo no le pasa nada malo*». No olvide que su prioridad es el máximo bienestar del menor y que un apoyo o una terapia especializados pueden ayudar a su hijo en un momento difícil para él. Eso sí, busque a un profesional de su entera confianza y, si es posible, que tenga información sobre niños adoptados.

Muchos padres creen que el niño debe alcanzar metas y objetivos haciendo un esfuerzo personal, y esto es válido. Pero el proceso de adaptación del hijo al nuevo entorno familiar y social exige ya de por sí un esfuerzo extra. Por lo tanto, la ayuda de profesionales le puede facilitar este momento; el niño tiene que incorporarse a todo un nuevo sistema educativo en el que tiene que aprender multitud de cosas que desconoce, incluido el aprendizaje de un nuevo idioma. Debe procurarse que este período sea lo más fácil y relajado posible para todas las personas involucradas ya que hay que intentar estabilizarse para disfrutar lo antes posible. Su hijo adoptado se lo merece y usted también.

Cooperación con los profesores

La escuela es una parte importante de la vida de cualquier niño, especialmente a partir del primer ciclo de primaria que empieza a los seis años, y en su hijo adoptado también. El modo en que se desenvuelva en la escuela con los aprendizajes, los compañeros, los profesores, va a influir en su bienestar y su autoestima. El profesor juega un papel primordial en toda esta evolución. El ajuste del niño y del profesor es básico, pero también es fundamental que los objetivos del colegio y de los padres coincidan. Para ello será de ayuda que los padres muestren interés en el trabajo del niño en el colegio y estén en contacto regular con el profesor. El maestro se verá apoyado en su trabajo y agradecerá el respaldo que le ofrecen.

Hable con el profesor y siga sus indicaciones. Utilice el mismo sistema de enseñanza que él lleva en la escuela, así no confundirá al niño con métodos diferentes y no le hará dudar del docente o de la escuela.

«El profesor de Manuel, de siete años, había pedido a sus alumnos que llevaran fotos de recién nacidos y de cuando eran bebés

para hacer un trabajo. Nosotros sólo teníamos fotos de la época de la asignación, cuando el niño tenía tres años. Estuvimos repasando con él lo que hasta entonces habíamos hablado de la adopción y al día siguiente en clase explicó que era adoptado y que muchos niños lo eran. El profesor nos contó que le había impresionado la naturalidad con que lo relató y que muchos niños le habían hecho preguntas y él había respondido muy bien.»

Detectar dificultades

Ya se ha comentado que, frecuentemente, los niños adoptados, cuando llegan a nuestro país, presentan un retraso de las pautas de desarrollo en relación con su edad cronológica. En función de este desfase, cuando se aplican los baremos españoles, su desarrollo en diferentes aspectos no alcanza la media de la población infantil.

Ahora bien, también se ha comprobado cómo los niños adoptados tienden a evolucionar favorablemente y se nivelan con los niños de su edad al cabo de cierto tiempo. En cada niño este tiempo es variable, ya que cada cual es distinto y hay que recordar que el crecimiento se produce con arreglo a patrones individuales, con características, estilo y tiempos específicos. Además de estos aspectos individuales existen multitud de factores que influyen en el avance del niño, desde la salud de la madre biológica (en la que se incluye el embarazo), el cuidado del recién nacido, la dieta alimenticia, la estimulación recibida, la salud del menor, la estimulación y lógicamente los cambios que se producen en el ambiente cuando es adoptado. Por tanto, la evolución de muchos niños adoptados se iguala con la de los niños de su edad pasado un período y no presentan dificultades posteriores.

Todo esto no quiere decir que no deba usted observar su evolución y atender a posibles retrasos o dificultades. La única pauta de la que se puede guiar, mientras no tengamos otras, será la del desarrollo normalizado de la población infantil en nuestro país.

A la hora de detectar dificultades es generalmente el profesor quien, dentro del aula, al tener otros 20 o 25 niños de edades similares con los que comparar al suyo, lo hace evidente. En ocasiones puede ocurrir que el docente no haya tenido contacto con otros niños adoptados, no considere sus particularidades especialmente durante el período de adaptación y que, por lo tanto, no espere a que el niño se estabilice.

En términos generales, usted debe guiarse por lo que el profesor le comente, tanto sobre su comportamiento como en cuanto al rendimiento en clase. Los datos que le aporta le van a indicar su forma individual de actuar en el aula y le advertirán de aquellas conductas que le llamen la atención Puede ser que a veces sea un comportamiento puntual, sin más trascendencia, o por el contrario le comente aspectos de su actuación o rendimiento que pueden ser indicios de problemas. Recuerde que el profesor le avisará de conductas que no le parezcan habituales en los otros niños. Observe a su hijo y confirme o salga de dudas tras consultarlo con un profesional. Ya sabe que si el niño presenta alguna dificultad, la solución será más fácil si se detecta cuanto antes.

Atención e hiperactividad

Ya vimos en el capítulo anterior (ver capítulo 2, «Razones de su conducta»), cómo los niños suelen tener problemas de inquietud motora o de atención, habitualmente por el exceso de información que tienen que procesar en un principio, a su llegada. En este sentido se ha hablado mucho sobre si los niños adoptados presentan hiperactividad y déficit de atención.

Aunque es cierto que muchos padres refieren estas dificultades de control motor y atencional en los primeros meses, también comentan cómo su hijo se va tranquilizando a medida que se habitúa a su nueva situación. Sin embargo, también es posible que los niños mantengan posteriormente ciertas conductas que recuerden a los niños con trastorno por déficit de atención e hiperactividad, pero no tienen porqué presentar dicha alteración.

No obstante hay que recordar que la falta de atención y la inquietud son síntomas que están presentes en muchos trastornos infantiles y, además, es muy frecuente en los niños en relación con los aprendizajes escolares. La atención se puede alterar por multitud de circunstancias, desde que el niño esté aburrido o preocupado, perciba que la tarea es difícil o porque también tenga realmente una dificultad atencional.

Debe saber que la atención evoluciona con la edad y no atiende igual un niño de tres años, que uno de seis o uno de ocho. Como se ha comentado en diferentes ocasiones, niños adoptados presentan con frecuencia retrasos en su desarrollo y por tanto la atención puede estar menos evolucionada de lo que le corresponde por su edad cronológica y asimismo desfasada con respecto a otros aspectos de su desarrollo.

Por ejemplo, con un niño de siete años que no atiende, será necesario saber si su desarrollo se encuentra en el mismo nivel de los niños de su misma edad o por el contrario en su funcionamiento se muestra como un niño más pequeño. En este caso hay que pensar que las tareas, el grado de exigencia, los aprendizajes que se le estarían planteando en casa y en el colegio serían adecuados para los niños de siete años pero no para los de cinco o seis, que es la edad en la que él se situaría.

Es necesario observar la atención y la falta de control motor, como otras áreas de su desarrollo, para ver cómo se alteran, si la dificultad está relacionada con el tipo de actividad o con otros aspectos. De la misma forma, es básico contemplar en qué medida estas circunstancias le interfieren o no en su vida diaria o en sus aprendizajes. En el caso de que sea un niño que muestre gran dificultad para atender o concentrarse, también hay que evaluar otros aspectos de su desarrollo detenidamente, para saber a qué se debe.

Qué se puede hacer

En el caso de que su hijo no atienda o cambie de actividad con frecuencia puede intentar seguir algunas de estas indicaciones para mejorar su atención; estas sugerencias no implican que no deba consultar con un profesional, si la conducta inatenta, la inquietud o la impulsividad persisten. Una valoración pormenorizada del niño le ayudará a saber dónde se encuentra el problema y cómo abordarlo.

En principio debe tener en cuenta que la atención es un hábito que se adquiere con la práctica regular y por lo tanto necesita ser enseñada. Hay pocos niños que no tengan capacidad de atender. Generalmente pueden atender a determinadas cosas y a otras no. Haga una lista de en qué cosas se concentra y en cuáles le cuesta hacerlo.

Seleccione sólo un par de ellas, comente con su hijo qué le ocurre e intente con él mejorar alguna de estas situaciones.

Cuando comience, sea constante, no piense que lo conseguirá en un día.

En el caso de que el niño no atienda cuando le dé una orden, procure no hacerlo una y otra vez sin tener la certeza de que le escucha o le atiende. Para estar seguro, vaya incluso donde él está, indíquele que le mire y entonces dígale lo que quiere que haga. A continuación, pídale confirmación de lo que le indicó. También debe tener en cuenta que es necesario que el niño comprenda lo que le dijo y que ejercite su memoria. Por ejemplo: «*Pablo, ya sé que me has escuchado. ¿Qué tienes que hacer?*». Cuando se lo repita y usted compruebe que lo sabe, espere unos minutos a que lo haga. Si no empieza a moverse, puede volver a preguntarle qué es lo que tiene que hacer. Si él repite la instrucción está activando su memoria y su atención. Por el contrario, si se lo dice usted una y otra vez, él ni siquiera tiene la necesidad de esforzarse.

Una vez que el niño realice lo que le pidió, es fundamental reconocer su conducta. Es frecuente que, cuando los padres o los profesores esperan que el niño atienda, insistan una y otra vez, y al final, acaban regañándole porque no llevó a cabo lo que se le planteó. Es preferible darle una ayuda antes, para conseguir que tenga éxito, es decir, darle la oportunidad de que lo haga, y que pueda conseguir así su reconocimiento. De la otra manera siempre recogerá reproches o castigos por no atender o no hacer caso.

Otro caballo de batalla para muchos padres (adoptivos o no) son las tareas escolares. No sólo suelen ser problemáticas para el niño adoptado, sino que también lo son para cualquier niño que necesite esforzarse o se distraiga con facilidad. Debe recordar que estudiar o hacer tareas es un hábito y, por tanto, se va adquiriendo con la práctica diaria regular.

En el caso de tener que hacer los deberes con su hijo siga las siguientes recomendaciones:

- Siéntese con el niño siempre a la misma hora y en el mismo lugar y en un momento del día en el que no esté cansado, contrariado o asustado por defraudar, ya que esto puede hacer que la atención a la tarea sea menor. Recuerde que cuando el niño no tiene un hábito requiere control y supervisión por parte de usted. Dígale qué debe hacer para comenzar a trabajar, con instrucciones claras y cortas.
- Asegúrese de que lo ha comprendido y pregúntele: «*¿Qué vamos a hacer ahora? Dime, qué es lo que tenemos que hacer*», de modo que él repita las instrucciones y centre su atención en la tarea.
- Evite cualquier distracción; es decir, quite de su vista, sobre la mesa o cerca de ella, cualquier material (juguetes) que no sea el de trabajo.
- Trabaje en un lugar sin ruidos (apague la televisión, quite la música) de modo que el niño no se distraiga.
- A veces su atención puede durar poco tiempo, si el niño desatiende hay que volver a centrarle.

- Ajuste sus expectativas a las posibilidades del niño. Procure pedirle sólo lo que le han mandado en el colegio, y no le encargue más trabajo extra; lo importante es que haga los deberes y que poco a poco vaya consiguiendo el hábito de realizarlos.
- Tenga en cuenta que su capacidad de atención variará de unas tareas a otras. Por ejemplo si le gustan las matemáticas o la lectura su rendimiento será mejor que en otra materia que no le gusta o se le dé peor. La atención se centra mejor en las actividades en las que se es más hábil.
- Mientras esté haciendo las tareas procure no interrumpirle, ni corregirle mucho o hacerle repetir porque eso le desanimará a seguir. Insista en que no se debe levantar hasta que acabe.
- Tenga paciencia, si trabaja diariamente irá mejorando su ejecución.
- Evite decirle directamente cómo hay que hacerlo, dele un modelo.
- Cuando vaya consiguiendo pequeños objetivos, aunque no sea la totalidad, reconózcaselo. Así, por ejemplo, después de terminar una página escrita entera puede valorarle sólo la primera parte, diciéndole cosas como: «*Qué letra tan estupenda aquí al comienzo*», «*Has terminado enseguida, estoy contento contigo*».
- Procure hacer referencia a sus avances con expresiones como: «*Mira qué bien te has concentrado en eso, cuánto has avanzado, antes no sabías*».
- Además de estos momentos dedicados a las tareas escolares, busque compartir con su hijo otras actividades en forma de juego y que no tienen relación con trabajos académicos. En ocasiones con niños con dificultades de aprendizaje se corre el riesgo de insistir demasiado en la tarea escolar y se dejan de lado involuntariamente actividades que son importantes para la experiencia del pequeño.

En resumen, para hacer tareas
• Mantenga al niño sentado. • Dé instrucciones claras. • Pregúntele por lo que tiene que hacer. • Ponga tareas cortas y vaya aumentando el tiempo. • Cambie de actividad con frecuencia. • Elimine distracciones. • Asegúrese que ha comprendido lo que tiene que hacer. • Empiece por tareas fáciles en las que tenga habilidad. • Ya irá complicando las actividades cuando el niño esté atento durante más tiempo y se sienta más seguro de sí mismo. • Valore su esfuerzo.

En el caso de que estos problemas de atención, de inquietud motora o de impulsividad no cedan con el tiempo y una vez que el niño está adaptado, es posible que requiera una valoración profesional que lo determine.

Trastorno por déficit de atención e hiperactividad

El trastorno por déficit de atención e hiperactividad (TDAH) es una alteración específica que, sin embargo, de ningún modo presentan todos los niños inatentos o inquietos.

Esta alteración ha sido definida por organismos internacionales de psiquiatría y psicología y tiene unos síntomas concretos. Se caracteriza por niveles de falta de atención, sobreactividad e impulsividad inapropiados para la edad del niño. Generalmente se refieren al niño que se distrae con mucha facilidad, se olvida de las instrucciones, cambia de tarea y rinde más cuando se le presta una atención individualizada. También puede presentar una atención selectiva a tareas determinadas, pudiendo estar, por ejemplo, durante períodos largos realizando actividades que le interesan o en un juego de ordenador y atender escasos minutos a un juego de construcción. Algunos de los niños con TDAH presentan exclusivamente este tipo de síntomas y otros parecen estar en su mundo o son lentos en sus reacciones.

En ocasiones va asociado a hiperactividad, cuando el niño se mueve de forma nerviosa, o nunca se está quieto. También se describe que, a veces, se asocia con otras características como la impulsividad. En estos casos, el niño habla y actúa antes de pensar, tiene «reacciones repentinas» o tendencia a precipitarse, y muestra un escaso control de sus impulsos.

Estos síntomas se inician, a menudo, en la primera infancia y son de naturaleza relativamente crónica. El problema se asocia normalmente a una dificultad en seguir conductas regidas por reglas y a un determinado patrón de rendimiento.

Las manifestaciones del trastorno suelen ser variables y pueden observarse en determinadas situaciones. Es posible que la información que den los padres y profesores sea contradictoria: es característico que los síntomas se presenten más en la escuela, donde el niño tiene que ajustarse a unas normas y realizar tareas que requieren concentración, y que, por el contrario, en casa, al no haber situaciones nuevas para él y contar con la atención de una persona que le guía, no tienen por qué aparecer señales que lo adviertan.

El tratamiento de este trastorno es necesario porque genera con mucha frecuencia dificultades de aprendizaje y, cuando hay impulsividad o dificultades para seguir normas o de autocontrol, es frecuente que el niño presente problemas de conducta en el colegio y en casa. En relación con estas alteraciones se les reprende con frecuencia, por su falta de atención o su inquietud, por lo que, al cabo de un tiempo, terminan siendo etiquetados de rebeldes, alborotadores o niños mal educados. Todos estos calificativos son la consecuencia de la falta de comprensión de un trastorno que impide a los niños controlar, planificar y dirigir adecuadamente su conducta.

La detección precoz de esta dificultad evita las consecuencias negativas en los ámbitos escolar, familiar y de autoestima para el propio niño.

El origen parece estar relacionado con dificultades neurológicas y el niño debe seguir un tratamiento especializado. Un médico, después de realizar un diagnóstico, administra la medicación, a la que el niño suele responder positivamente con la disminución de los síntomas. Paralelamente al tratamiento farmacológico, el niño debe recibir apoyo psicológico. Los padres y profesores requieren orientación sobre cómo manejar las dificultades del niño en casa y en el colegio.

En el caso de que usted observe una persistencia marcada en conductas similares debe consultarlo con un pediatra que le derivará al especialista. La intervención temprana beneficia la evolución y disminuye las consecuencias negativas para el niño en la familia, en su medio social y en la escuela.

Problemas de aprendizaje

Muchas veces los niños adquieren un desarrollo normalizado, superan fácilmente el período de adaptación y evolucionan sin problemas a lo largo de los años de educación infantil. Pero este progreso a veces puede alterarse al pasar al ciclo de Educación Primaria.

En los años preescolares el nivel de exigencia es menor y los profesores suelen tener una tolerancia mayor hacia la conducta y el aprendizaje de los alumnos. Cuando el niño cumple seis años y debe incorporarse a Primaria, al encontrarse los objetivos en este nivel muy definidos, el profesorado y el entorno se sitúa de forma diferente frente al escolar, con una demanda mayor. Se le pide que permanezca más tiempo quieto, que siga las instrucciones del profesor, que se mantenga callado, que trabaje sin distraerse, que comprenda los mensajes y que sea capaz de realizar sus tareas compartiendo la atención de su maestra con el resto de los alumnos.

En este contexto es más fácil mostrar algunos problemas que cuando el ambiente es más relajado. Además es ahora cuando comienza el aprendizaje de la lectura y la escritura. La adquisición de esta habilidad es el resultado de otros conocimientos previos que el niño ha tenido que adquirir.

Las denominadas *Dificultades de Aprendizaje* se refieren a niños que muestran dificultad o retraso en la adquisición de los aprendizajes del lenguaje, lectura escritura o cálculo. Estos problemas frecuentemente van asociados a déficits de atención, memoria, orientación temporal o aspectos perceptivos.

Generalmente es una dificultad que se diagnostica en la edad escolar, ya que es cuando se exigen estos aprendizajes y queda en evidencia el retraso o la dificultad para adquirirlos.

La causa no es conocida, aunque se ha visto una posible predisposición en niños que han padecido baja estimulación, privación nutricional o factores perinatales multicausales. Pero también presentan estas alteraciones niños que han vivido con una estimulación adecuada.

Como ya sabe es habitual que los niños adoptados presenten a su llegada un desarrollo retrasado con respecto a los niños de su edad. Se ha comentado anteriormente que estas deficiencias suelen irse compensando con el paso del tiempo. Pero hay que tener en cuenta que la edad en que muchos niños se incorporan a la escuela es cercana a estos cursos escolares. Con frecuencia los aprendizajes previos también se encuentran por debajo de lo esperado y en ocasiones el adoptado puede encontrarse en inferioridad de condiciones en relación con los niños de su edad y curso.

En el lenguaje, ya vimos cómo los niños que tienen una lengua de origen diferente requieren de unos 16 meses para aprender completamente el nuevo idioma, y que no se trata sólo de que se comuniquen, sino de que adquieran un desarrollo del lenguaje suficiente para conseguir otras enseñanzas. El conocimiento lingüístico es básico para el niño, para la relación social con sus compañeros y, en el aula, no sólo para la comprensión de las instrucciones que le dé su profesor, sino también para poder utilizarlo de base de otros aprendizajes, como la lectoescritura (ver capítulo 1, «El lenguaje»).

Para aprender a leer y escribir el niño debe conocer primero el lenguaje hablado. Tiene que haber adquirido el uso de todos los sonidos del habla, es decir, haber superado dificultades de pronunciación para establecer la correspondencia de sonidos y letras sin confusión. Si confunde, por ejemplo, los sonidos *s/z* (*casa* por *caza*), puede no entender el significado de la palabra.

> *«A Susana, de tres años y medio, se la entendía con dificultad. Sus compañeros le decían que hablaba en chino. Acudimos a una logopeda y la niña fue avanzando de forma muy evidente. Superó sus problemas de discriminación de sonidos y cuando empezó a leer y a escribir aprendió enseguida y siguiendo el ritmo de la clase.»*

En relación con estos déficits y otros, la lectura y la escritura se adquieren deficientemente, repercutiendo a su vez en la comprensión lectora. El consiguiente retraso de la lectoescritura genera en el niño escaso éxito en el progreso de estos conocimientos, con la consiguiente ausencia de interés y una esperable disminución de la atención en una tarea que le resulta difícil. Asimismo, si el problema persiste, a medida que pasan los cursos, la falta de avance escolar incide negativamente en su motivación, atención y autoestima y puede sentirse poco competente para aprender.

En ocasiones hay niños que muestran estas dificultades asociadas a otros problemas, como memorizar secuencias, los días de la semana, meses del año, tablas de multiplicar, o presentan dificultad para aprender conceptos temporales como *ayer, mañana, antes, después*. También pueden mostrar problemas en el cálculo o en el razonamiento numérico.

Detectar este retraso en los aprendizajes instrumentales en el inicio de la escolaridad es fundamental para la evolución del niño en los cursos siguientes porque influye en el resto de materias y en su rendimiento escolar. No hay que olvidar que gran parte de la escolaridad se basa en comprender las explicaciones del maestro, leer los textos y escribir las tareas. Si esta base no está bien establecida, el niño deberá hacer un esfuerzo extra que no siempre estará reconocido por el profesor en la medida en que no alcance los objetivos del resto de los compañeros.

Por tanto, atienda a la evolución de su hijo desde la educación infantil, que es cuando advertirá su progreso y valore con el profesor indicios de dificultades que pueda prevenir tempranamente.

Existe una tendencia general, tanto en los padres como en los profesores a atribuir cualquier problema que el niño tenga a su condición de adoptado. Pero este pronóstico por suerte no siempre se cumple. Hay muchos niños adoptados que no presentan problemas escolares, aunque en general pueden tener un riesgo mayor de padecerlos.

Equipos de atención temprana y psicopedagógicos

En el caso de que se detecte una dificultad de aprendizaje en el niño es conveniente que informe al colegio o acuerde con el profesor y el orientador del centro para que se lleven a cabo las valoraciones necesarias, a fin de que reciba los apoyos oportunos. Cada comunidad autónoma tiene servicios públicos o concertados a los cuales se puede recurrir para recibir ayuda. Por ejemplo, en el caso de la Comunidad de Madrid, en los centros escolares concertados y públicos existe la posibilidad de requerir los servicios del Equipo de Atención Temprana para los años preescolares y del Equipo Psicopedagógico para los escolares, que realizan las valoraciones psicopedagógicas. Estas valoraciones tienen como función determinar el grado de dificultad del niño, el tipo de escolaridad que requiere y los apoyos que serían necesarios para que supere tales problemas dentro de la escolaridad.

Muchos centros privados y concertados cuentan con un equipo de psicólogos y orientadores perteneciente al colegio que efectúa estas valoraciones. Si desea una evaluación privada también podrá acudir a centros de psicología especializados que realizarán un diagnóstico preciso de las dificultades del niño.

En cualquier servicio al que acuda no olvide demandar orientaciones para usted y la familia, sobre cómo reaccionar con el niño, cómo ayudarle y cómo favorecer su autoestima e integración escolar. De la misma forma, si el profesional no pertenece al colegio de su hijo insista en que se coordine con el centro y el profesorado para que transmita las dificultades del niño y las tengan en cuenta en su aprendizaje y rendimiento.

Señalamos una serie de conductas que apuntan a que el niño pueda presentar alguna dificultad. Se refiere a niños en edad escolar o puede presentarse también en niños que vayan a iniciar la Educación Primaria. Tenga en cuenta que estas conductas son señales de una posible dificultad, pero es necesario evaluar al niño para saber si tiene o no un problema. En el caso de que lo tenga tampoco hay porqué pensar que vaya a ser una alteración permanente.

Señales de alarma
• No hay atención o es dispersa. • No escucha cuando le hablan. • No comprende las instrucciones. • No se sabe expresar coherentemente. • Dificultades para narrar o conversar. • Tiene un habla ininteligible o problemas de pronunciación. • Juega solo, no se relaciona con los demás. • Confunde letras y números. • Tiene dificultad para aprender la lectura y la escritura. • Rechaza el colegio.

Dificultades de relación social

Estas habilidades sociales son básicas para el desarrollo cognitivo y social del niño y desempeñan un papel importante en su adaptación y satisfacción personal a corto y a largo plazo.

No todos los niños tienen la misma capacidad para relacionarse socialmente ni son igual de expresivos o tienen el mismo gusto por comunicarse o relacionarse. La habilidad social reúne un conjunto de actitudes y comportamientos que el niño tiene que aprender para relacionarse con los adultos y con otros niños. La falta de estas habilidades sociales puede influir también en una inadecuada adaptación escolar. Por el contrario, una buena competencia social en la infancia favorece el posterior funcionamiento social, académico y psicológico.

Los comportamientos sociales no apropiados que presentan algunos niños pueden ser de diferentes tipos. En unos casos, el menor utiliza actitudes agresivas para relacionarse con los demás, lo que produce rechazo de los compañeros. Y en otros, muestra un estilo pasivo en la interacción; se relaciona con unas habilidades deficientes en su capacidad para expresar sentimientos, necesidades y opiniones, encontrándose aislado del grupo.

El niño pegón

Algunos niños pueden tener dificultades para controlar sus impulsos y agredir físicamente a sus compañeros para solucionar los conflictos que puedan surgir generalmente en el colegio. Estas conductas lógicamente llaman mucho la atención en la escuela, así como a los compañeros, y generan tensiones entre la familia y el colegio y, en ocasiones, incluso con los padres de los demás niños.

Suelen ser más frecuentes en preescolares, cuando tienen que adaptarse a unas normas y aprender a compartir con los compañeros. Pero a veces también surgen en la edad escolar por la falta de maduración o el retraso que puede presentar el niño y que le hace responder como si fuera de menor edad. Este tipo de conducta puede aparecer en el niño adoptado durante el período de adaptación y es necesario que aprenda a convivir con otros niños.

La relación social requiere un repertorio de habilidades que a veces no ha adquirido al llegar al colegio. Puede elegir un camino inadecuado para solucionar los conflictos que se plantean en la clase o en el patio, si no tiene la habilidad suficiente. El origen puede variar, pero suele tener más relación con la dificultad para tolerar la frustración, con su escaso control, y con el hecho de que la impulsividad le lleve a tomar caminos rápidos para solucionar problemas. Si, por ejemplo, quiere que le dejen un juguete y no lo consigue, tal vez pegue o empuje a su compañero. También ocurre con frecuencia que ante la falta de expresión o comprensión del lenguaje, no tenga la capacidad de comunicación para resolver las situaciones y entonces lo haga físicamente. De la misma forma, el niño que no consigue realizar las tareas de la clase porque el nivel de exigencia es elevado, puede frustrarse con facilidad. El estrés o tensión a que se ve sometido favorecerá la aparición de estas reacciones de enfado o agresión.

Otras veces puede utilizar respuestas de tipo rebelde para intentar provocar la atención de la profesora o la de sus compañeros. En ocasiones los niños lamentablemente reciben más atención de todos cuando se portan mal. También puede que se sienta importante ante los demás por ser protagonista.

Si estas conductas sólo ocurren ocasionalmente, no debe alarmarse. Los profesores están acostumbrados a ver cómo los escolares se pueden pegar en un momento dado sin que tenga mayor trascendencia. Sin embargo, si estas situaciones de peleas se repiten, hay que tener cuidado para que el niño no sea tachado de «pegón» o «malo» por los demás o para evitar que el profesor le regañe con mucha frecuencia. Esta reacción del entorno puede facilitar que observe que se le atiende más por su conducta negativa que por hacer las cosas bien y no aprenda a comportarse adecuadamente.

Recuerde también que usted es un modelo para su hijo y que éste no debe observar en casa a ninguna persona reaccionando con ira o de forma descontrolada. Tampoco es solución enfadarse en exceso con él porque puede empeorar la conducta. Es preferible atender en contraposición a la conducta positiva que seguramente sí se dará. Intente proporcionarle otras formas de demostrar su enfado, enseñándole palabras o expresiones que se lo faciliten y otras conductas alternativas en vez de resolver los conflictos o sus frustraciones agrediendo.

Es básico saber qué está pasando y cuáles son las razones del niño para comportarse agresivamente. Si se le observa y se analizan su comportamiento y su situación, será más factible ayudarle a resolver de manera adecuada su frustración y a relacionarse de otra forma con sus amigos.

En cualquier caso, son conductas que resultan difíciles de manejar para los padres, y que hacen impopular al niño frente a los compañeros y sus profesores.

El niño inhibido

Estos niños también tienen escasas habilidades para la relación y se comportan pasivamente con sus compañeros, no tomando iniciativas en la interacción o evitando relacionarse. En ocasiones también puede sentir sensación de ansiedad asociada a la relación social o temor a expresarse.

No tener un adecuado repertorio social disminuye la probabilidad de relacionarse, de hacer amigos y conlleva dificultades para ser aceptado por el grupo.

Es necesario favorecer la interacción con los demás, dotar al niño de estrategias y recursos para afrontar situaciones o conflictos sociales de una manera asertiva. La adecuada relación social con sus iguales será una fuente de satisfacciones que favorecerá su autoestima además de su bienestar emocional y social.

4

Hablar de la adopción

Una vez constituida la adopción de un menor, comienza el verdadero desafío para los padres adoptivos. Si todo el proceso vivido (desde que uno percibe el deseo de adoptar un menor, pasando por la decisión e inicio del expediente, la tramitación, la asignación del menor y el primer encuentro, hasta la llegada del menor adoptado al hogar familiar) ha sido duro a la vez que esperanzador, el reto comienza con la convivencia diaria, con el ejercicio constante de la paternidad y con la realización de ser unos padres adoptivos, con todo lo que esto supone.

Todo ello implica multitud de cosas: felicidad, alegría, ilusión, amor. Sobre todo, que el deseo inicial ha pasado a ser una realidad; el menor adoptado es nuestro hijo y vive con nosotros, con nuestra familia, conoce a nuestros amigos y vecinos, es parte de nuestra vida diaria y hay que asumirlo con amor y responsabilidad.

Antes de plantearse cómo explicar la adopción a su hijo, usted debe haber reflexionado sobre sus propios sentimientos y actitudes, y tiene que haber alcanzado conclusiones claras.

Hay que ser conscientes y aceptar que su hijo es adoptado. Esta es una realidad incuestionable y que no va a desaparecer con el paso del tiempo. Su hijo va a ser adoptado siempre, durante toda su vida. Esto implica una diferencia, pero ésta no tiene que entenderse en sentido negativo o peyorativo. Desde el conocimiento y la aceptación de las diferencias será más fácil hablar con él de sus orígenes.

En cualquier caso, lo que nunca puede existir es secretismo en torno a la adopción del menor. Cuando se pregunta a los padres durante las entrevistas que se hacen a lo largo del proceso de adopción qué es lo que desean transmitir al hijo adoptivo (ver el libro *¡Quiero adoptar!*), la mayoría manifiesta que les gustaría que hicieran suyos los valores que ellos comparten y, entre éstos, suelen destacar la sinceridad y la honradez.

Antes o después, el hijo adoptivo va a saber que lo es, porque así figura en su partida de nacimiento, un documento que va a leer en algún momento de su vida. Será difícil justificar la ocultación de esta realidad cuando se ha estado tratando de inculcarle sinceridad. Si el descubrimiento se produce en la adolescencia, el problema será aún mayor, ya que es en esta etapa de la vida donde más rebeldía puede haber por parte de los hijos y más enfrentamientos se producen entre éstos y sus padres. Además el chico se vería defraudado y perdería la confianza en ustedes por la ocultación que hicieron.

Resulta aconsejable ahorrarse un problema, que puede ser sencillo al principio, pero puede convertirse en un verdadero conflicto personal para el adoptado y para toda la familia más adelante.

Derecho a saber

De acuerdo con la legislación internacional vigente, una persona adoptada tiene derecho a conocer y buscar sus orígenes, mientras que aquellos que dan un menor en adopción no tienen derecho a saber qué ha sido de él. Sí pueden incluir en el expediente de adopción una carta facilitando información sobre ellos mismos y sus circunstancias y, si el adoptado muestra interés, la recibirá al llegar a su mayoría de edad y entonces podrá decidir si está interesado en establecer contacto con los padres biológicos.

Como se ve, el derecho a conocer los orígenes está regulado legalmente, por lo que en teoría no puede iniciarse la búsqueda a título personal antes de la mayoría de edad. En la realidad, hoy en día y debido a la existencia de Internet, este argumento ha quedado obsoleto. Los hijos adoptados que desean conocer sus orígenes lo acaban consiguiendo, lo quieran sus padres adoptivos o no. Y el negarse a proporcionar información puede ser una fuente constante de conflicto a lo largo de los años.

No se puede dejar de hablar con el menor adoptado de sus orígenes, pero no debe hacerse a iniciativa de los adultos, ni tampoco forzando la situación.

Usted tiene que estar preparado para ayudar a su hijo a aceptar el hecho de que es adoptado y para darle la información que le permita asimilar su situación personal y asumirla con seguridad y confianza en sí mismo. Hay que decir que para usted supondrá un gran desafío responder a las preguntas del menor y explicar la situación de abandono, cosa que no es necesaria con los hijos biológicos.

Cuándo, cómo y qué información

La mayoría de los padres adoptivos preguntan cuándo se debe informar a los hijos de que son adoptados, cómo se debe proporcionar la información que esto conlleva y qué datos deben darse. Es difícil dar una respuesta, porque depende de cada caso, pero sí que hay unos parámetros básicos. La información debe ser sincera, proporcionarse con mucho cariño y en circunstancias apropiadas. No se preocupe si la primera vez que surge el tema usted se agobia; les ha pasado a otros padres adoptivos. Usted va a tener más oportunidades de hablarlo en el futuro y, a medida que pase el tiempo y lo reflexione, se irá sintiendo mejor.

Hay que recordar que de las respuestas que se den, es decir, de la información que los padres proporcionen al menor adoptado, va a depender en el futuro, en gran medida, su mejor adaptación al entorno familiar y social, que debe ser el objetivo.

¿Cuándo se le dice a un niño que es adoptado?

Más que indicar cuándo es el momento apropiado, hay que decir que la palabra *adopción* debe formar parte del vocabulario familiar desde el primer momento. Todos conocemos palabras o frases hechas que en un ambiente familiar concreto tienen un significado especial o describen un momento que sólo conoce el círculo familiar. En el caso de las familias con hijos adoptados, la palabra adopción tiene que integrarse en la historia familiar.

Con esto no queremos decir que al niño haya que bombardearle con frases del tipo: «*Mi hijo adoptado...*», «*La adopción en China...*», «*Tú eres adoptado...*», sino que exista un término genérico que permita al hijo preguntar lo que significa o lo que quiera saber cuando sienta curiosidad.

Es preciso crear el ambiente propicio en la familia para que el menor adoptado sepa que puede preguntar siempre que quiera y sobre todo aquello que tenga interés en averiguar.

Los padres son los que mejor saben hasta qué punto y con cuanta profundidad necesita conocer su hijo y así dar una respuesta adecuada. También son ellos los que deben considerar el grado de madurez del menor, ya que hay niños que maduran antes que otros, igual que los hay más retraídos o más extrovertidos. Son los padres quienes deben estar atentos a las señales que mandan los hijos porque, independientemente de que hablen mucho o poco, todos manifiestan de alguna manera lo que les preocupa o interesa, cuando les preocupa o interesa algo.

> *Marta, de cuatro años, preguntó: «¿Yo nací de un huevo?». La mamá de Marta le respondió: «No, naciste de la tripita de una señora china». «¿No nací en tu tripita?» «No, en la de esa señora.» «¡Ah!», respondió Marta. No volvió a sacar el tema en varios meses.*

¿Cómo se le da la información?

La respuesta a esta pregunta parece obvia, pero es muy importante dar información con amor y cariño. Amor y cariño por su hijo adoptado, por el proceso de adopción, por el primer encuentro, por el viaje y por la llegada a casa.

Se les da información, también, con calma y tranquilidad, en un momento en el que haya tiempo para hablar y para que el hijo haga preguntas, y no de pasada y con prisas. Pero tampoco hace falta realizar un viaje con este motivo para encontrar el lugar o para que nadie interrumpa, porque la naturalidad a la hora de dar información es lo fundamental.

La información hay que suministrarla mostrando mucho respeto por sus orígenes familiares, dejando bien claro, por ejemplo, que sus padres biológicos no fueron unas personas «malas» que le abandonaron o maltrataron. Por el contrario, deben dar una imagen de que no pudieron hacerse cargo de él y por ello le dieron en adopción.

Igualmente, hay que transmitir al menor adoptado respeto por su país de origen y por su cultura, dándole una visión en este sentido.

¿Qué información se le da sobre sus orígenes?

Se les cuenta la verdad en la medida que su edad y su madurez lo vayan permitiendo. Con la asignación del hijo adoptado, los padres reciben sus antecedentes, que pueden ser escasos o extensos. Usted debe conservar estos documentos para entregarlos al hijo adoptado cuando llegue a la mayoría de edad, o antes si es lo suficientemente maduro y lo solicita. Pero siempre debe dejarse a iniciativa suya.

A los niños se les transmiten una serie de valores como parte de su educación, y entre ellos destaca la sinceridad. Por lo tanto, al hijo habrá que enseñarle que no se debe mentir ni engañar y los padres adoptivos deben aplicar estos principios cuando el menor les pregunte por sus orígenes. Pero tampoco hay que abrumar con complicadas explicaciones a un niño en una edad en que no es capaz de entender situaciones de la vida adulta.

Se trata de ir introduciendo una información básica para su hijo, poco a poco y a lo largo de los años, ya que cuando sea mayor, si quiere, averiguará las causas de su abandono. No olvide que está en juego su autoestima y que, en este sentido, el hecho de haber sido abandonado es una sombra que puede sobrevolar de alguna manera sobre él: «*No me querían, no valgo demasiado...*».

Algunos países como Ucrania, Rusia, Filipinas o algunos iberoamericanos aportan datos más concretos sobre los orígenes biológicos del menor adoptado. Y dentro de estos datos, figurará alguna explicación acerca del motivo por el que el organismo competente decidió que había que iniciar el proceso de retirada de la patria potestad. Es probable que el informe final explique crudamente estas razones y no olvide que en algún momento, en su mayoría de edad como muy tarde, su hijo leerá este documento. Para entonces debe estar debidamente preparado a fin de que estas circunstancias no supongan una desagradable sorpresa y, sobre todo, para que no sienta que usted le ha mentido con una explicación edulcorada y falsa.

Existen otras muchas preguntas que puede plantearle el niño, entre ellas: «*¿Por qué no tengo papá y mamá?*». Muchos padres empiezan a hablar de este tema con frases como: «*Ya sé que yo no soy tu verdadera mamá*» o «*Tú tenías otra mamá en...*». Estas afirmaciones no son ciertas ni reales. Como ya se ha mencionado, la adopción es una medida de protección de la infancia que implica el cese total de relación con los orígenes familiares y sociales del menor adoptado.

Por lo tanto, al ser adoptado, el hijo sí tiene unos padres: los adoptivos.

No es padre ni madre aquella persona que concibe un hijo y lo trae al mundo. Es padre o madre aquella persona que da amor al hijo, le cuida, le protege, le enseña, le transmite valores y creencias, le ve crecer día a día, le apoya, le regaña, le pone límites, visita con él al médico cuando lo necesita, le viste, le da de comer, le lleva al colegio, etc., y, en definitiva, la persona con quien el pequeño se vincula afectivamente y él reconoce como padre o madre.

El hijo adoptado sí tiene unos padres y esta respuesta que parece simple tampoco lo es tanto, porque tiene que ofrecerse diariamente y estar siempre presente.

> *«Después de unas semanas con una actitud un poco triste, Sara, de seis años, confesó que una niña del colegio le había dicho que yo no era su verdadera madre. Esto le producía mucha inquietud. "¡Ah! Ya sé lo que quiere decir tu amiga: que no has nacido de mi tripa –le dije–. Sí, naciste en Colombia, pero yo soy tu madre. ¿Quién te quiere, te cuida y te regaña, eh?" Enseguida la niña se marchó a jugar. Parecía haberse quitado un gran peso de encima.»*

Información que se debe dar según la edad del hijo

Desde la primera infancia, el niño debe adquirir sentimientos de seguridad y pertenencia, ya que debe crecer seguro de sí mismo y del cariño de sus padres. Por lo tanto, hay que empezar a hablar de la adopción ya en la más temprana edad. Desde el primer momento, deberá adaptar la información y su lenguaje a la capacidad de comprensión del niño, que va variando a lo largo de su desarrollo.

Se trata de formar una base donde apoyar la historia de su adopción; puede ser un álbum o libro donde se van colocando las fotos, los comentarios, las descripciones de los lugares, del niño, sus actitudes... para que él los repase y le sirvan de guía. Lógicamente los vídeos que grabó son un apoyo estupendo para recordar. Cuando es pequeño y no comprende bien, mostrarle imágenes es lo mejor, y luego, de mayor, podrá leer todo lo positivo que usted anotó en su cuaderno.

Hasta los tres años

El niño no ha adquirido todavía el desarrollo mental necesario para saber lo que significa ser adoptado, pero si usted introduce de forma natural esta palabra en el lenguaje familiar, el niño se sentirá bien con lo que se le dice. Hay anécdotas de niños que han llegado incluso a creer que todos los niños son adoptados. Su hijo hablará de ello abiertamente, gracias al enfoque positivo que le han transmitido sus padres.

En el momento de comenzar a narrar la historia de su adopción emplee un lenguaje sencillo que el niño pueda entender. Cuéntele cómo fue aquel día maravilloso en el que le vieron por primera vez, dónde tuvo lugar el encuentro, qué sintieron al verlo y tomarlo en brazos, y con qué ilusión prepararon todo para su llegada a casa. No olvide utilizar el álbum especial que ha creado para él.

Un padre adoptó gemelas al poco tiempo de haber nacido éstas y le informaron de que una de ellas estaba grave. Más adelante, el padre contó a sus hijas cómo lloraba en el taxi cuando iba a conocerlas por primera vez. Desde entonces, tenía que repetir este episodio constantemente, a petición de sus hijas, porque era lo que más les gustaba escuchar, mientras que otras historias no les llamaban la atención.

Entre los cuatro y los seis años

A esta edad es habitual que los niños comiencen a preguntar por cosas que ven a su alrededor y por situaciones de la vida diaria que antes no les llamaban la atención. Es el período en el que inquieren por temas del tipo: «*¿Cómo se nace?*», «*¿Dónde te vas cuando te mueres?*». Es, por tanto, en esta etapa cuando los compañeros de colegio también van a plantear estas cuestiones, por lo que puede oír en la escuela cosas como: «*Ésta no es tu mamá*». Y quizás llegue a casa y le diga: «*Yo no estuve en tu tripa. ¿De dónde vienen los niños?*». Su hijo va a descubrir que no todos los niños son adoptados.

Los padres deben estar preparados para responder a este tipo de comentarios: hágalo con naturalidad y tranquilidad y ayude a su hijo a entender la diferencia entre la paternidad biológica y la adoptiva. Enséñele a sentirse bien con el hecho de ser adoptado y no hable del tema con excesiva frecuencia, para no concederle demasiada importancia.

Los niños se guían mucho por el lenguaje no verbal y, si usted se pone tenso o serio, interpretarán que es un tema difícil y no se sentirán a gusto, lo que posiblemente provoque que no vuelvan a mostrar interés por conocer sus orígenes. Si usted lo enfoca con naturalidad, sin sentarse especialmente a hablar de ello como si fuera un tema trascendente, su hijo no lo entenderá como algo difícil de abordar.

En estos años se puede empezar a ampliar la información dada anteriormente y a ofrecer explicaciones más extensas. Esta curiosidad por su historia es también habitual en los hijos biológicos, que se interesan en los relatos de cuando eran pequeños, ver fotos de cuando nacieron o de los momentos pasados con la familia y amigos.

Laura, de cinco años y medio, preguntó a su madre: «Mis padres de India, ¿se acuerdan de mí? ¿Verdad que me querían mucho?». La madre le explicó que era muy difícil olvidarse de un bebé tan guapo como era ella, y que como la querían tanto y no podían cuidarla, la llevaron a una casa de niños donde pudieran encontrarle unos papás que la quisieran todavía más.

A partir de los seis años

Desde esta edad y en adelante se produce un salto en la evolución del niño para comprender lo que le rodea, que se manifiesta en muchos ámbitos de su capacidad mental. Ahora entenderá mejor lo que significa ser adoptado y podrá plantear preguntas sobre sus padres biológicos o sobre las razones por las que le adoptaron a él y no a otro niño. No se sienta mal, ni rechazado por estas muestras de curiosidad, que son absolutamente normales.

Al responder, no menosprecie a los padres biológicos de su hijo. Transmita que a ellos les costó mucho darle en adopción, porque le querían, y que lo hicieron sólo pensando en su bienestar. Por su parte, ustedes deseaban tener un hijo, son unos padres felices y orgullosos por tenerle, y no hay diferencia en sus sentimientos, aunque el niño no haya estado nunca en la tripa de su madre adoptiva.

A pesar de estos consejos, el niño puede reaccionar manteniendo las distancias con ustedes, o manifestando enfado, retraimiento, apatía o agresión. El motivo puede no tener nada que ver con ustedes, y puede ser que sienta que «es malo», y que por ese motivo sus padres le abandonaron. Aunque no suele ser frecuente, si este comportamiento se prolonga en el tiempo, quizás ha llegado el momento de consultar a un profesional de su confianza que ayude a su hijo a aumentar su autoestima y seguridad en sí mismo.

Adolescencia

En esta época seguro que surgen nuevas demandas y preguntas (ver capítulo 5). En este momento sí deberá proporcionar la información real del motivo del abandono, insistiendo en que no por ello los padres biológicos eras unas malas personas, sino que lo hicieron por necesidad, forzados por las circunstancias, y pensando en lo mejor para él.

El hecho de querer saber y disponer de más información, incluso el deseo de intentar conocer a sus padres biológicos, no implica que su hijo los considere a ellos mejores, ni que se vaya a separar de ustedes. Es normal que sienta curiosidad. Además, en casa, con buen criterio, han favorecido el ambiente necesario para que su hijo exprese con libertad sus sentimientos acerca del hecho de ser adoptado.

La opinión de los demás

Una vez contestadas estas preguntas, surgen otras consideraciones. Usted, como padre adoptivo responsable, ha manejado la información y el hecho de que su hijo es adoptado, correctamente o, al menos, lo mejor que ha sabido o ha podido. Por lo general, así es como actúan la mayoría de los padres adoptivos y biológicos, ya que todos quieren proteger a sus hijos.

Pero no se engañe: en algún momento, su hijo va a volver llorando del colegio porque le han dicho que «*no tiene padres de verdad*», que «*su país de origen es horrible*», que «*nadie le quería*», etc. También los hijos biológicos sufren comentarios hirientes y crueles: «*gordo*», «*gafotas*», «*empollón*», «*pato mareado*», etc., pero los reciben desde la seguridad que les da el sentido de pertenencia y el saber quiénes son sus padres.

Estas experiencias, en absoluto deseables, las hemos soportado todos en algún momento de nuestras vidas. Haga memoria y la explicación que a usted le dieron o el consuelo que le ofrecieron y le sirvió, puede ser válido para su hijo adoptado, ya que la naturalidad es lo más aconsejable. Y el sentido del humor también ayuda.

Además, que el hijo adoptado aprenda a protegerse y a responder forma parte de su proceso de crecimiento y maduración. Sus respuestas serán más contundentes cuanto más seguro se sienta de sí mismo, de su pertenencia a una familia y del cariño incondicional que recibe.

Los padres están, entre otras muchas cosas, para apoyar, ayudar y brindar recursos para que los hijos, en su continua búsqueda de su propio espacio e independencia, puedan enfrentarse a la vida.

También entra en juego la curiosidad que muestra la gente por el hijo adoptado. Los padres son los que deben decidir a quién quieren decir que su hijo es adoptado y a quién no (siempre y cuando no haya una diferencia étnica evidente, se entiende). Esta decisión forma parte del derecho a la intimidad, tanto de los padres como del hijo. Pero si las preguntas llegan a causarle incomodidad, responda de forma imprecisa, sin aludir al origen.

Otra cuestión que suele producir comentarios es la semejanza de rasgos o carácter. El parecido físico es heredado de los padres biológicos, pero el desarrollo de la personalidad del hijo viene determinado por la relación establecida con el ambiente que le rodea (familia, amigos, colegio...).

> *Al ser preguntada una madre por los bonitos ojos de su hija, respondió: «Sí, es verdad que son bonitos. Me alegro de que se haya fijado».*

> *Otra madre, cuando le preguntaron por el parecido físico de su hijo, respondió: «No se parece a nadie en particular. Se parece a sí mismo».*

Afrontar burlas

Una de las situaciones más difíciles de manejar para los niños es aquella en que otros compañeros se meten con ellos. Con frecuencia les coge de sorpresa y no saben qué hacer, qué decir o cómo reaccionar. El niño se siente mal y en ocasiones piensa que es culpable. Estas emociones hacen que se sitúe frente al otro con inseguridad, lo que da satisfacción al niño que le quiere molestar.

Las burlas suelen ser más frecuentes en el colegio cuando los niños son ya algo mayores. Cuando estas manifestaciones aparecen en niños más pequeños hay que valorar qué tipo de comentarios ha oído y cómo los ha interpretado el niño adoptado. Es posible que a veces estos comentarios puedan ser normales para niños de esta edad y que hagan referencia a la percepción de que el adoptado es diferente. No es conveniente que se identifique en la categoría de burla o discriminación algo que su hijo debe aprender a aceptar como parte integrante de sus diferencias, como puede ser que se refieran a él como chino, indio, negro; como el pelirrojo o el rubio... Ante los comentarios de los compañeros se debe identificar si quien los emite tiene intención de minusvalorarle o burlarse de él, o no. No sería bueno para el niño que los padres den importancia a cualquier palabra que oye en el colegio sobre él. Recuerde que su hijo se sentirá mal si usted se molesta o da importancia al tema. Otra cosa es que insista en que le llamen por su nombre y que prefiera que no le identifiquen de otra manera.

En cualquier caso, hay que intentar conocer la actitud que muestra el niño ante esta situación: si se siente mal, cómo se enfrenta al problema, si se calla, lo ignora o responde y cuál es la actitud del otro niño o niños ante la respuesta de su hijo. Igualmente habrá que identificar quienes son, ponerles nombre para que no tenga la sensación de que todos se meten con él.

Algunas de estas sugerencias están más indicadas para niños que ya pueden comprender las razones del otro, la importancia de la actitud, de las relaciones de fuerza o de poder frente al resto. Pero de forma más sencilla también es aplicable a niños más pequeños, cuya respuesta debe ser adecuada a su capacidad de expresión.

La madre de Elena tuvo que hablar con la tutora de su hija cuando la niña, en el último curso de la escuela infantil, le preguntó llorosa: «¿Verdad que yo no soy una china capuchina ni una china cochina?».

Cómo responder

Si realmente es una situación en la que el niño se siente mal hay que explicarle que cuando alguien nos hace daño, resulta normal enfadarse y que es lógico que lo primero que se le ocurra hacer sea insultar o pegar por haber sido tratado así.

Pero es preciso que entienda que si muestra su enfado o su rabia, cuando le minusvaloran o se burlan puede estar dando lugar a que continúen metiéndose con él. Debe saber que la satisfacción del niño que le molesta es que él se enfade. Así que si aprende a contestar, esto le ayudara probablemente a evitar ser blanco de burlas.

En consecuencia, antes de responder con lo primero que se le ocurra, es mejor pensarlo. Pero tiene que quedarle claro que no debe callarse, ni llorar, ni dar muestra de enfado, ni insultar, ni pegar. Es mejor preparar las respuestas adecuadas para que conteste rápido y no dé tiempo a que el niño que le fastidia reaccione.

Así, debe recordar tres claves importantes:

- Decir lo que se quiere decir.
- Usar un lenguaje corporal adecuado.
- Utilizar la mirada fija.

Insista en que el niño no debe parecer una victima. Es fundamental que su hijo sea un niño seguro, pero también que sepa manifestarlo con sus actitudes. Hay que enseñarle a mostrar conductas que indican seguridad. Así será más difícil que los niños a los que les gusta fastidiar le vean como blanco de sus burlas. Los que intimidan a otros buscan a chicos poco seguros, con los que pueden tener éxito en su provocación. Si es necesario practique con él, haciendo ensayos en el espejo. La experiencia demuestra, que la respuesta rápida del niño ante las provocaciones, incide en que el provocador desista, por no esperar esta reacción.

Haga con su hijo un juego de imaginar e inventar todas las cosas que podría decir. No se trata de reunir todos los insultos que se le ocurran, sino de compartir un momento divertido y que las respuestas sean las adecuadas para la situación.

Una vez que tenga claro cuales son las contestaciones mejores, intente que el niño practique con usted o con otro miembro de la familia. En esa representación digan y hagan lo que puede suceder fuera de casa.

Hay distintas formas de responder ante la burla y las pueden practicar, por ejemplo:

- Expresar el sentimiento de rechazo, diciendo abiertamente que le molesta: «*Déjame en paz, me estás molestando, eres un pesado*».
- Seguirle la corriente: «*Pues claro que soy adoptado, ya lo sabes*».
- Utilizar el humor: «*¡Ah! ¿Que soy china?, ¡fíjate qué listo!, y ¿cómo te has dado cuenta? ¡Jo!, ¡qué original eres!*».
- Dar respuestas diferentes a lo que se pregunta: «*¿Que soy negrito? ¡Qué va! ¡Si no soy pequeñito, soy bastante grande!*».
- Responder como un disco rayado: «*¿Que soy adoptado? ¿Y qué quiere decir? ¿Conoces a otros adoptados? ¿Qué significa ser adoptado?*».
- Hacer que el otro parezca un ignorante: «*¡Ah, ya veo que no sabes qué es ser adoptado! Ya veo que te parece raro ser adoptado*».
- Reconocer abiertamente la supuesta crítica: «*Sí, ¿y qué?, ya veo lo que piensas, ésa es tu opinión*».

«Mamá, Álvaro me dice que tengo la piel muy negra, está todo el día fastidiándome», se queja Ana (cinco años, adoptada en India). «Pasa de él. Si no, te dará la lata siempre», le aconseja su hermana Maya de 10 años, procedente del mismo país.

Su hijo tiene que saber que la defensa de sus derechos no sólo se lleva a cabo por medio de las palabras sino que también la forma en cómo se dicen las cosas es importante para saber situarse adecuadamente ante el otro niño y dar la imagen apropiada. La postura debe indicar seguridad y firmeza, por tanto, debe ser recta y dirigida al interlocutor, mirándole a los ojos, sin acercarse ni distanciarse demasiado, usando un tono de voz firme y lo más calmado posible.

Actitud ante un niño provocador
No se debe
• Reaccionar callándose. • Dar muestras de enfado o llorar. • Responder con insultos o agresión física. • Contestar de forma impulsiva.
Qué decir
• Seguir la corriente. • Hacer una broma. • Poner en ridículo. • Hacer muchas preguntas. • Reconocer la supuesta crítica.
Lenguaje postural
• Postura recta y dirigida al interlocutor. • Mantener el contacto ocular. • Respetar una distancia cómoda. • Utilizar un volumen audible. • Mostrarse relajado y firme.

Qué hay que decir al niño ya mayor sobre cómo manejar las burlas
• Hay que parar un momento y pensar. Reflexionar sobre lo que vas a hacer y decírselo. Hay que tener frases preparadas para poder reaccionar con rapidez. • Dile: *«¡Para! ¡No me gusta que me digas eso!»*. • Dile cómo te sientes. Utiliza el mensaje en primera persona: *«¡Venga, deja ya de meterte conmigo!»*. • Pon cara y gesto de enfado y firmeza. • Márchate del lugar, vete con amigos con quienes estés a gusto. • Si es necesario, busca a un adulto y cuéntale lo que ha pasado y cómo te sientes. • Intenta tranquilizarte. • No te lo tomes en serio. • Intenta distraerte y piensa en algo alegre o en algo que te gusta hacer. • Las amenazas se deben denunciar inmediatamente al profesor o a otro adulto y a los padres. • En el caso de que sea más grave y tengas miedo o veas peligro, sal corriendo.

Sentimientos hacia el país de origen

Como padres adoptivos, tienen que tener en cuenta que su hijo adoptado tiene un país de origen.

Durante el proceso de adopción (ver el libro *¡Quiero adoptar!*) los padres han tenido que elegir un país donde hacer su ofrecimiento de adopción. Normalmente, con respecto a las razones de la elección se habla de la atracción por la cultura y del respeto que se siente hacia ese país. Y la intención, por supuesto, es transmitir estos sentimientos al menor adoptado. No obstante, además de estas consideraciones, también se elige el país de origen por otros motivos, como pueden ser que es el que menos tarda en asignar niños en adopción, o que cumplen los requisitos que exige, o que los niños están comparativamente más sanos o su edad es menor.

Cualquiera que sea la razón, lo que sí es seguro es que los padres adoptivos reciben información desde el principio del país de origen del niño. En algunos casos, incluso se hace excesivo hincapié en su país de origen, su cultura de origen, su familia de origen, su idioma de origen, su comida de origen. A veces se centran tanto en estos aspectos que se descuidan o se deja de lado que también existe su país de destino, su familia de destino y su cultura de destino. La adopción implica la ruptura de lazos con la familia y el ambiente social de procedencia, con el objetivo de conseguir la completa integración en una nueva familia y entorno social. Su hijo es español de pleno derecho y nuestra cultura es lo suficientemente rica como para que se la transmitamos, vivamos en Cataluña, Castilla, Galicia, Andalucía o cualquier otro punto de nuestra geografía.

Esta transmisión de la cultura, costumbres, tradiciones o relaciones no se da en un plano de competencia o preponderancia de una cultura sobre otra, sino que aquella en la que el niño vive es en la que debe establecer claramente su sentido de pertenencia, es a la que se debe ligar, porque es la cultura de sus padres y donde él va a vivir sus experiencias. Esto es lo que le va a ayudar a saber quién es y a quién y dónde pertenece.

Si al hijo se le une prioritariamente a un país con el que no tiene vinculación emocional, ni sentimientos de arraigo, se le está dejando sin apoyos firmes sobre los que asentarse para poder sentirse seguro y construir su propia identidad después.

No estamos hablando de descalificar o ignorar culturas distintas a la nuestra. Es básico demostrar respeto por otras culturas y transmitir la curiosidad por conocerlas como modelo educativo, incluido el hablar otros idiomas. Pero siempre como modelo educativo y desde la libertad de elección que tienen los padres, y no por imposición.

Hay numerosas publicaciones escritas por distintos profesionales –muchos de ellos estadounidenses–, en las que se insiste en la importancia de hablar al menor de su país de origen. Pero conviene tener en cuenta la cultura de cada país a la hora de interpretar estas opiniones. Por ejemplo, Estados Unidos es un país muy joven –comparado con los países europeos–, parte de cuya población es originaria de Europa, África y Asia, lo que conforma una sociedad multicultural y multirracial. A muchos de estos estadounidenses les gusta conocer sus orígenes, sin que por ello pongan en peligro su sentimiento de pertenencia al país en el que viven y del que son ciudadanos. En Estados Unidos la insistencia por buscar los orígenes está en relación con su cultura y esto no puede extrapolarse a otros países en los que no se dan las mismas circunstancias, y aún menos se puede aplicar a la adopción.

Usted tiene que ser consciente de la importancia que tiene para su hijo sentirse seguro de sí mismo y disfrutar del sentido de pertenencia a una familia y a un determinado entorno social.

Es decisión y elección de los padres adoptivos hablar a su hijo de su país de origen, o no hacerlo. No es aconsejable que haya secretos en torno al hecho de ser adoptado y todo lo que esto conlleva, pero es preciso insistir en que la iniciativa a la hora de querer saber la debe tomar el hijo adoptado, siempre que se haya creado un ambiente familiar en el que esté permitido preguntar.

Usted, como padre adoptivo, se ha comprometido con las autoridades del país de origen, que le han dado a su hijo en adopción, a hacer el seguimiento (ver el libro *¡Quiero adoptar!*) y a mandarles informes periódicos sobre la situación de su hijo adoptado. En estos informes de seguimiento se suele plasmar la información que el niño tiene sobre su país de nacimiento, y el grado de aceptación que demuestra. Usted también sabe que no hacer el seguimiento al que se ha comprometido puede perjudicar a futuros solicitantes de adopción en ese país.

Y puesto que hay que realizar el seguimiento y hay que explicarle al hijo adoptado que lo es, siempre de forma adecuada a su edad, no hagamos de ello un secreto que, por otra parte, acabará por ser descubierto más tarde o más temprano.

Educar a los hijos con naturalidad y actuando como se considera adecuado y sale del corazón es la mejor receta para no equivocarse. Lo artificial y obligado no suele ser un buen método porque los niños, que en este sentido son muy receptivos, lo captan todo; no sólo lo que se dice, sino también lo que queremos decir y lo que demostramos con nuestros actos y actitudes.

De este modelo educativo también emanan la tolerancia y el respeto imprescindibles a la hora de hablar del país de origen del menor. Claro que a veces es difícil mostrar respeto por algunas costumbres o noticias que aparecen en los medios de comunicación y que atentan directamente contra los derechos humanos.

En cualquier caso, con la información que usted le ha proporcionado contestando a sus preguntas y lo que él ha averiguado por su cuenta (Internet, amigos, profesores, etc.) si tiene interés, su hijo se formará una opinión sobre el país donde nació y desarrollará unos determinados sentimientos hacia él.

Sí es fundamental que usted escuche y esté muy atento a las señales para conocer estos sentimientos, que pueden ser tanto de aceptación como de rechazo. No se empeñe en ninguno de los dos casos en buscar más significado del que realmente tiene; siente curiosidad y atracción por su país de origen, o no la siente. Y recuerde que los niños muy a menudo nos sorprenden con sus reacciones.

El rechazo no implica necesariamente que no quiera saber nada de su país de nacimiento, ni que sea un modo de negar la realidad de ser adoptado. Simplemente, en ese momento no le interesa conocer detalles porque está contento con ser quien es, con el lugar en el que está y con la vida que hace.

Tampoco hay que entender que si desea datos sobre su país de origen, es porque no está satisfecho con su situación. Se trata sin más de que algunos niños manifiestan esa curiosidad y otros no. En este caso, y tenga la edad que tenga el menor adoptado, deben respetarse sus deseos. Forzar la situación puede ser más perjudicial que beneficioso y cada persona necesita su propio espacio y tiempo para asumir la información, aunque ésta deba estar disponible en todo momento.

Lo que debe usted prevenir es que los sentimientos de rechazo o los de aceptación lleven a que el tema del país y la cultura de origen se conviertan en una conducta obstinada y reiterativa de su hijo, donde exista un desmedido interés por ese país, excluyendo al resto. Usted, como padre que le conoce, sabrá distinguir las diferencias entre la búsqueda de información y la curiosidad del chico al plantear preguntas o manifestar posibles actitudes inflexibles de manera circunstancial.

Si este comportamiento es exagerado y reiterativo, convirtiéndose en su conducta habitual, es posible que haya llegado el momento de buscar ayuda profesional para el niño y de revisar su propia conducta. Aunque usted haya tenido buena intención, quizás su punto de vista y su modo de expresarse hayan sido malinterpretados por el niño. Porque hay que insistir en que, ni todo lo bueno que le sucede a su hijo se debe a que usted lo haya adoptado, ni tampoco todo lo negativo proviene del hecho de la adopción. Puede significar que hay un problema, si el no querer saber deriva de una negación de la realidad o de la imaginación de una realidad distinta.

Todos los niños escuchan cuentos, juegan inventando situaciones imaginarias y se les fomenta el desarrollo de la imaginación. La fantasía es una necesidad en la infancia, pero el proceso de crecimiento y maduración implica ir abandonando las fantasías, o al menos ser consciente de que lo son, y aceptar la realidad o esforzarse para construir otra que guste más.

También hay que mencionar que el rechazo a los orígenes puede manifestarse desde el principio o, por el contrario, aparecer más adelante.

> *Un grupo de padres que viajaron juntos a recoger a sus hijos a China decidieron mantenerse en contacto y reunirse con regularidad una vez de regreso en España. Pero, cada vez que se reunían, los hijos se echaban a llorar. Decidieron suspender estos encuentros pero mantenerse en contacto entre ellos sin que los pequeños se vieran. Sin embargo, transcurridos unos años pudieron volver a reunirse periódicamente todos sin problemas.*

Ya se ha comentado en capítulos anteriores que para los niños, los padres son el modelo a seguir. Esto significa que usted tiene que ser consciente en todo momento de la actitud que demuestra para con el país de origen del menor adoptado. Esta actitud se manifiesta no sólo con opiniones sino también, en ocasiones de manera sutil, con gestos. No le quepa duda: su hijo se fijará en sus gestos y los imitará.

Conforme va creciendo, desarrolla sus propias ideas y tanteará a sus padres con comentarios y actitudes para ver cómo responden a su búsqueda de autonomía e independencia.

Más adelante, si su hijo adolescente decide rebelarse lo hará, dependiendo del día y de las circunstancias, no sólo por los horarios o los estudios o llevándole la contraria hasta en la elección de su equipo de fútbol favorito, sino también por ser adoptado, y quizás se manifestará a favor o en contra de su país de origen simplemente por defender la postura opuesta a la suya.

Mantenga la paciencia y la calma, dialogue, marque los límites, acepte, rechace, negocie, llegue a compromisos... ¡Bienvenido a la paternidad responsable!

Y sin duda, en alguna discusión de las muchas que se producen entre padres e hijos a lo largo de la vida, usted podrá escuchar frases como: «*Tú no eres mi padre*», «*Yo no te pedí que me adoptaras*», u otras similares. Hay que tener claro que este tipo de expresiones forman parte del «juego»; los hijos tienen una gran capacidad para averiguar cuál es el punto flaco de sus padres y aprovecharlo.

La respuesta es obvia, usted es su padre para el resto de su vida, para lo bueno y para lo malo. Y este es un hecho irrefutable. Demuéstrele a su hijo que usted está ahí para él y que siempre lo estará. En el fondo, cuando se rebela está hablando desde su inseguridad y desde la confusión por la que pasan la mayoría de los hijos, al ir creciendo y madurando, ya sean adoptivos o biológicos. Usted es su padre independientemente de que él rechace o acepte sus orígenes biológicos y culturales.

Eso sí, si no hay rechazo, es posible que en algún momento la familia tenga que viajar para conocer el país de origen.

Diferencia étnica

Hablar de la diferencia étnica es indispensable porque quizás sea lo más problemático y difícil de explicar y aceptar en un momento dado.

Muchos padres adoptivos decidieron al inicio del proceso de adopción hacer un ofrecimiento para adoptar un menor de raza distinta a la de la mayoría de la gente de su entorno y de España.

En casi todas las ocasiones, ésta es una decisión muy meditada y tiene más que ver con los propios valores (la diferencia de razas no importa, todos somos iguales), que con la realidad social que nos rodea.

Al hablar de razas, la mayoría de la gente piensa inmediatamente en el racismo. El racismo es un concepto ligado generalmente a discriminación por la raza o el color de la piel. Pero además del rechazo a lo que es diferente a nosotros, no se puede olvidar que esta actitud suele estar asociada a la clase social a la que pertenecen la mayor parte de los individuos de esa raza. Así, nos encontramos con que al hablar de la cuestión racial, suele mezclarse, en mayor o menor medida, el rechazo social. Por el contrario, hemos visto en muchas ocasiones que personas de distintas razas ocupan cargos importantes o gozan de prestigio y reconocimiento internacional, sin que se dé importancia al color de su piel o raza. Normalmente, estas personas han recibido una educación y han disfrutado de unos medios económicos que les han permitido ocupar con más facilidad puestos de responsabilidad en la sociedad.

Sería fácil asumir, pues, que un hijo adoptado, y por ello español, con una buena formación y educación, con un apoyo familiar y social, no debería sufrir discriminación racial o social. Pero por si esto no fuera así, tendrá que proporcionar a su hijo recursos para afrontar estas situaciones y enseñarle cómo debe reaccionar. Es aconsejable también utilizar el sentido del humor como recurso a la hora de dar respuestas a preguntas impertinentes.

Al jugador de fútbol del Real Madrid Roberto Carlos le llamaron negro durante un partido de forma repetida y con intención de insultarle. En una rueda de prensa posterior, un periodista le preguntó cómo se sentía, a lo que él contestó: «Yo soy café con leche». Como resultado todo el mundo se rió mucho, incluido él mismo, y el asunto no fue a mayores.

Adoptar un hijo de distinta raza supone un plus de dificultad en su proceso de adaptación e integración. Y no tanto por parte de los padres, que efectivamente son capaces de querer y educar, proteger y apoyar a su hijo adoptado, ya que es cierto que para ellos las diferencias por cuestión de raza no existen. Tampoco suelen surgir problemas de aceptación por parte de la familia extensa. Antes de adoptar al hijo, se ha hablado de este tema con ellos en profundidad y han manifestado su compromiso para con el futuro menor adoptado, que será su nieto, sobrino o primo y será muy bien recibido en el seno familiar independientemente de cuál sea su condición. También se ha hablado con el círculo de amigos y hemos recibido la misma respuesta, no hay problemas de integración por motivos de raza.

Cuando a un hijo biológico se le preguntó por sus preferencias a la hora de tener un hermano adoptivo, dijo que quería un niño brasileño, negro y que jugara al fútbol para que, así, cuando fuera al colegio, todo el mundo supiera que era su hermano.

A su hijo le va a transmitir valores que se defienden, como el respeto, la tolerancia y la igualdad. Los padres son el modelo educativo de los hijos y, por lo tanto, si el niño siente en el día a día que se le quiere, se le respeta y se le trata exactamente igual que al resto de personas, independientemente de cuál sea su raza, crecerá seguro de sí mismo y transmitirá al resto de la gente que la raza no importa, porque todos somos iguales.

Todo esto puede y debe llegar a ser la realidad diaria de su hijo, pero tenemos que evitar caer en el error de utilizar nuestro modelo familiar como ejemplo de convivencia, convirtiendo al niño adoptado en una pieza clave del engranaje a través del que estamos decididos a cambiar la sociedad. Sí es verdad que con nuestra actitud, poco a poco, y quizás de manera inconsciente, contribuimos a que la sociedad vaya evolucionando, pero nunca debe utilizar a su hijo de distinta raza como herramienta de lucha contra el racismo. Al fin y al cabo, él debe ser libre para tomar sus propias decisiones y para decidir qué batallas quiere afrontar conforme vaya creciendo y madurando. Esto forma parte del amor y el respeto que el hijo adoptado merece recibir de sus padres.

Todo esto está muy bien desde el punto de vista de los padres adoptivos, pero ¿cómo lo vive el niño? No hay que olvidar que es él quien es diferente. Y así se siente, porque los colores existen en la naturaleza, en la sociedad y en el entorno. Cuando miramos alrededor, vemos colores, además de blanco, gris y negro.

Y esto es lo que ve también el hijo adoptado, por lo que llega a una conclusión obvia: *«Soy distinto»*. En principio, incluso durante los primeros años, esto no es demasiado importante: *«Mis padres me quieren, me dan calor, alimentos, juegan conmigo... y, además, tengo amiguitos»*.

Una niña de raza negra fue adoptada por una madre soltera que, con el paso de los años, se casó. La hija estaba bien integrada en la familia, en el colegio y en su entorno social, y era feliz. Cuando su madre se quedó embarazada, los abuelos la escucharon decir en varias ocasiones y repetidamente: «Que no sea blanco, que no sea blanco, que no sea blanco...».

Pero es cuando el hijo va creciendo cuando empieza a ser plenamente consciente de las diferencias, justo cuando lo que más desea en el mundo, como todos los chicos y chicas de su edad, es ser igual e identificarse con el grupo.

Los padres adoptivos van a tener que estar más atentos en esta etapa. Ya antes le han proporcionado información y claves con su comportamiento diario y con lo que el hijo ve, escucha y percibe a través de ellos, pero quizás no sea suficiente. Llega un momento ineludible en el que hay que sentarse a hablar del tema, directamente y en profundidad, y averiguar qué sentimientos tiene su hijo de distinta raza, cómo los vive y si esta realidad le preocupa o no.

Normalmente, a los problemas psicológicos y emocionales se añade otro componente, el físico, ya que existen diferencias en función de la raza que deben conocerse para prestarles atención y brindar los cuidados necesarios, que en realidad no implican una rutina muy distinta a la de otros niños. Simplemente, hay que estar informados sobre ellas.

No hay que olvidar que el niño adoptado va al colegio. Ya se ha mencionado con anterioridad que la escuela es un lugar de aprendizaje, donde se transmiten tanto conocimientos técnicos como herramientas para relacionarnos en sociedad y, por desgracia, donde también se reciben ataques de otros alumnos y donde su hijo debe aprender a defenderse. Los padres y los profesores son quienes deben enseñarle tanto a no atacar como a saber valerse.

Pero cuidado, si el hijo es adoptado, es inevitable que un día vuelva llorando a casa. Y los padres van a tener que estar ahí, dándole apoyo y cariño y mostrando con su conducta como se debe reaccionar.

> *Mónica se miraba al espejo y le preguntaba a su madre: «Mamá, ¿cuando sea mayor se me quitará esta cara de chinaza que tengo?».*

Hay que plantearse: ¿es suficiente el amor de los padres? En ésta, como en muchas otras cuestiones en las que tratamos con niños, la respuesta debería ser fácil: «*Sí, debe ser y es suficiente*». La mayoría de los niños responden al amor y al cariño y, gracias a que lo reciben, consiguen convertirse en personas más seguras de sí mismas. Pero si redujéramos la labor diaria de los padres adoptivos exclusivamente a dar amor y cariño, este desempeño se convertiría en algo muy sencillo, y todos sabemos que no lo es.

Lo que sí está claro es que el amor de los padres es imprescindible, y no puede limitarse a dar besos, abrazos y caricias. Tiene que abarcar además muchas más cosas, desde jugar con sus hijos, dedicarles tiempo y atención, contarles un cuento antes de dormir, escucharles, darles de comer, vestirles, llevarles al médico cuando lo necesiten y proporcionarles recursos para afrontar dificultades. Todas estas actividades diarias hay que desarrollarlas desde la responsabilidad y el cariño, y esto es lo que diferencia al padre adoptivo de aquella persona que en su momento dio a luz al que hoy en día es su hijo. Usted no debe olvidar nunca que el hijo adoptado sí tiene padres, sí vive en el país que le corresponde y sí está integrado en su medio familiar y social.

También puede suceder que el adoptado no responda al amor y al cariño que se le brinda, como a los padres les gustaría. Esto es relativamente frecuente en niños que en algún momento de su vida y por el motivo que sea, han sufrido un abandono. Por definición, todo niño adoptado ha vivido una situación de abandono.

La mejor respuesta a esta situación es dar y continuar dando amor y cariño, sin esperar nada a cambio. Esto es muy difícil, pero es que ser padres no es sencillo. Es gratificante y a menudo llena de felicidad, pero como oficio, es el más difícil que existe, ya que hay que estar superando desafíos continuamente.

Para el padre adoptivo esto es una realidad diaria: dialogue con su hijo, hágale partícipe de sus ideas y opiniones, preste atención a lo que él tenga que decir, consiga un ambiente en el que esté permitido hablar de todo lo que a él le preocupe, esté atento a las señales que su hijo transmita. Pero tampoco se obsesione, no someta a su hijo a un escrutinio diario agobiante, simplemente deje que él marque el ritmo. Hay niños más extrovertidos que otros, niños más ilusos e inocentes que otros y niños que maduran antes que otros. Tenga paciencia y esté presente en la vida de su hijo, dele confianza y amor, los niños son niños y cada uno es un mundo, ya sea un hijo adoptado o biológico y cualquiera que sea su raza o condición.

5

Adolescencia del hijo adoptado

Consideraciones generales

España es un país relativamente joven en el ámbito de la adopción internacional si consideramos que hay países que llevan más de cuarenta años adoptando niños en otros lugares del mundo, como, por ejemplo, Gran Bretaña.

Utilizando como indicador de posición el número de niños llegados a España, es cierto que en poco tiempo nos hemos situado a la cabeza de las naciones que acogen a niños a través de la adopción internacional, aunque Estados Unidos lleva a todos los demás una gran delantera. Debido a esto, es difícil extraer conclusiones basadas en un amplio número de niños que fueron adoptados con menos de dos años y que hoy en día son adolescentes. Pero los hay y vamos a hablar de ellos, porque en unos años existirá un número cuantitativamente significativo.

La adolescencia representa una etapa bastante marcada en nuestra vida. Cuando se le pregunta a las personas por su pasado, casi siempre recuerdan mejor la adolescencia que la infancia. Por lo tanto, haga un esfuerzo, no olvide su experiencia y eche la vista atrás como adolescente. Para comprender a su hijo en este período le será útil rememorar y utilizar toda aquella información que a usted le ayudó. Para los padres, la propia vivencia resulta una fuente muy fiable de información, ya sea para repetir el modelo o para modificarlo.

Dedique tiempo a conocer a su hijo, para entenderle y anticiparse a sus necesidades. Vea cómo es su hijo adolescente, observe los cambios que se producen en él y cómo busca con intensidad alcanzar su propia identidad, autonomía e independencia. Este proceso de cambio y búsqueda de sí mismo puede ser conflictivo y rebelde, o tranquilo y pausado, independientemente de cuál haya sido su propia experiencia. Por lo tanto, su hijo puede ser un rebelde con causa o sin ella, o un chico apacible, sin que el hecho de ser adoptado sea el factor determinante.

Momentos de cambio

Cambios en su hijo

Las transformaciones físicas que observará en su hijo implican otra serie de cambios en los aspectos psicológicos, sociales y emocionales.

Por un lado su capacidad cognitiva se desarrolla y es capaz de pensar de manera abstracta, plantearse distintos puntos de vista más allá de sí mismo, establecer conexiones nuevas entre ideas y valorar la opinión de los demás. Su perspectiva social se amplía. Necesita probar y descubrir el mundo que le rodea, lo que es básico para el desarrollo de su personalidad.

Al mismo tiempo, se encuentra inseguro, le faltan recursos para tomar decisiones y valorar la realidad porque está aprendiendo. Así, cuando se decide, suele ser de forma inmadura con objeto de satisfacer sus necesidades inmediatas. No sabe valorar las consecuencias.

En este momento cree que lo sabe todo y le cuesta aceptar consejos e indicaciones, especialmente de los adultos. Paralelamente descubre sensaciones nuevas sobre sí mismo, unas veces se encuentra inseguro otras no se valora o se siente temeroso.

Otro aspecto del cambio son las relaciones sociales. Los amigos pasan a ser su referencia y tienen una importancia especial para él.

En el intento de encontrarse a sí mismo se identifica con ellos en la forma de vestir, los gustos musicales, la manera de divertirse. Le preocupa su imagen ante los demás, sobre todo ante su grupo de amigos. Puede recurrir a ellos o a otras personas para solucionar problemas, porque valora su punto de vista. Aunque a usted le afecte, no piense que le quiere excluir de su vida.

Con estos nuevos intereses también disminuye la relación y la comunicación con sus padres, porque prefiere pasar la mayor parte del tiempo con sus amigos y disminuir la dedicación a las relaciones familiares. El chico empieza a necesitar independencia, quiere intimidad y ya no quiere comunicar todo lo que le ocurre. Su estado emocional es cambiante, hay terquedad, malhumor, protesta por cualquier cosa y disminuye su atención e interés por el estudio.

> *«Cuando te haces mayor deseas saber cómo eres, qué habilidades tienes, qué es lo que no te gusta de ti y quieres caer bien a tus amigos.»*

Cambios en los padres

En general casi todos los padres anticipan que cuando su hijo llegue a la adolescencia será un momento difícil. En ese período se perciben a sí mismos menos hábiles para afrontar la educación del hijo. Las pautas que funcionaban con el niño ya no funcionan con el adolescente. Tienen que adaptar su visión del mundo.

Los cambios en el chico se interpretan como agresiones a la autoridad que antes se tenía. Se recuerda con nostalgia a aquel niño de ocho o diez años que era encantador y le hacía caso en casi todo.

Debe cambiar la forma de ver al chico. Trate de adaptarse a la nueva realidad.

En principio, las primeras experiencias que tenga con su hijo adolescente siendo rebelde o conflictivo le harán quizás dudar de si su conducta está relacionada con el hecho de ser adoptado. Para cualquier padre de adolescente, adoptivo o no, es un período de replantearse la relación y por tanto de prever conflictos. Si su hijo no lo demandara quizás no se le permitiría conseguir las cosas que reclama.

Junto a esa incertidumbre aparecerán también temores sobre su paternidad adoptiva. La pérdida de la influencia que antes tenía quizás le hará pensar que usted significa poco para su hijo. Es posible que se vea desplazado y le cueste entender los nuevos intereses que su hijo tiene. La crítica frecuente hacia sus valores, hacia su forma de educar conseguirá que se sienta mal o irritado y posiblemente le resultará más fácil atribuir esta actitud a su condición de adoptado que a la de adolescente.

> *Una madre adoptiva recibió una llamada de la dirección del colegio para comunicarle que su hijo de 13 años se había escapado esa mañana con otros compañeros. Preguntó y fue informada de que los otros niños no eran adoptados. Aparte de castigar a su hijo como correspondía, la madre pudo observar que la conducta no era exclusiva de su hijo.*

Pautas de conducta

Si ustedes, los padres, se adaptan a los cambios de su hijo y se relacionan con él como individuo diferente que es, podrán mejorar la relación con su hijo, lo que evitará problemas en el futuro y que no se enturbie a largo plazo la relación con él.

El primer paso para mejorar es aceptar los cambios que se han producido en su hijo; en todos los aspectos, aunque el más difícil quizás sea su rebeldía.

No juzgue su actitud, no tome sus ataques como una agresión personal a su paternidad y autoridad. Trate de evitar la lucha por saber quién tiene el poder. Con estos enfrentamientos será él quien gane la batalla. Si usted le quiere obligar y mantener el control sobre su conducta que tenía antes, está en un error.

La forma más efectiva de abordarle ahora es como lo haría con un amigo o un adulto. Al creerle con mayor capacidad de entendimiento, ante su conducta usted tendrá la tendencia a darle explicaciones o «sermones» (como dicen ellos) sobre lo que debe o no hacer y él tendrá la tendencia a no escucharlo y a desobedecer.

Es mejor que le plantee las consecuencias de sus actos y de esta forma podrá aprender las medidas que los adultos usan para controlar su propia conducta. Trate de negociar, no imponga sus criterios, porque encontrará rebeldía. Evite imponer su autoridad.

En vez de enfadarse y montar en cólera, trate de mantener la calma y evitar que su rabia se sume a la de su hijo y aumente el conflicto. Tenga en cuenta que la rebeldía surgirá y se negará a colaborar. No favorezca esta situación. Evite insistir en sus conductas negativas o llamadas de atención, no le critique, atienda a su conducta positiva y reconózcaselo con frecuencia. Como él tendrá tendencia a quejarse de sus métodos, escuche qué es lo que piensa y si puede modificarlos, se evitará conflictos.

No intente variar todas las actitudes o formas de actuar de su hijo, seleccione lo verdaderamente importante y lo que sea negativo para él o su desarrollo social. Tenga en cuenta que cuando manifieste alguna opinión no es tanto lo que dice sino cómo lo dice. Es frecuente que no sepa medir sus palabras ni las consecuencias que producen y es preferible que le oriente sobre otra forma alternativa de expresarlo.

Mejore la comunicación, busque otros temas de conversación que no sean corregir su conducta o hacerle entender algo que debe hacer. Saque temas relacionados con sus habilidades, sus puntos fuertes, sobre sus intereses. Esté atento a los momentos en qué estos intercambios se puedan producir. Organícese para encontrar momentos o situaciones donde puedan coincidir y puedan hablar. Cuando converse con él evite volver a caer en largas explicaciones sobre aquellas cosas que a usted le parecen importantes y que él debe saber. No será bien recibido. Espere a que él genere preguntas. Esté ahí para responderlas.

No se deje influir por sus intentos de ponerle en cuestión y muestre seguridad en su paternidad adoptiva, en su capacidad para ser padre.

Todas estas modificaciones en su forma de actuar no significan que no deba imponer normas y disciplina en la casa. El adolescente las necesita para sentirse seguro y querido. Es importante, por tanto, continuar marcando unas pautas de comportamiento, que debe asumir, porque usted se las ha explicado y las ha razonado con él. Exija que asuma responsabilidades y líguelas a las consecuencias de su conducta. Su hijo sabrá qué es lo que se espera de él y aprenderá a ser responsable, ya que conoce los resultados positivos y negativos de cumplir con lo pactado. Sea flexible, negocie y haga algunas concesiones, no porque su hijo sea adoptado, sino porque es adolescente.

Pero también es fundamental que esté atento a cómo evoluciona. Escuche a su hijo e intente observar y comprender su conducta, para saber que es la esperable por ser adolescente o no.

Conozca a los amigos de su hijo, déjeles que se reúnan en su casa y participe en sus actividades de ocio. Advierta si las actitudes, conductas, relaciones, vestimenta, etc. de sus amigos son las mismas que las de su hijo y si coinciden con las de otros chicos de su edad. Si es lo habitual, no se debe preocupar.

Conozca también a sus profesores y monitores y contraste la información de su comportamiento diario y sus reacciones. Ellos están acostumbrados a ver y tratar adolescentes y saben diferenciar conductas problemáticas de las que no lo son.

No intervenga directamente, dele espacio, pero esté atento, seguro que recibirá mucha información que le interesa conocer. No llegue a atosigarle ni condicionarle y dele siempre espacio para actuar. Hable con él y, sobre todo, esté siempre presente en su vida, incondicionalmente, porque también va a tener que seguir marcando límites y teniendo discusiones.

Usted debe demostrarle que es el orgulloso padre de un hijo adolescente, sin esperar nada a cambio. Afortunadamente, sólo se es adolescente durante unos pocos años y después, al mirar hacia atrás, se ve que fueron unos años duros, pero productivos. Los desafíos superados también contribuyen a hacer de usted una persona más sabia, más autoafirmada, más segura en su papel de padre y del vínculo afectivo que le une a su hijo.

Conflictos de identidad

La adolescencia es una etapa conflictiva y cada uno afronta este período de cambio y confusión como mejor puede. Su forma de pensar les posibilita organizar sus pensamientos y reflexionar sobre aquello que antes creían. Se plantean y cuestionan el mundo a su alrededor. El cuestionamiento es necesario para afianzarse y desarrollar su propia identidad.

El chico está aprendiendo a conocerse, busca sus propios valores y formas de entender y vivir; para ello trata de diferenciarse de los valores y formas de vida de sus padres. Tiene que mostrar su distancia con ustedes y quiere vestirse, comportarse y pensar diferente de sus padres. Así suelen afianzar su identidad los adolescentes de forma contradictoria, y su hijo también.

Puede encontrar más dificultades por ese intento de definirse a sí mismo que por el hecho de ser adoptado y haber sido separado de sus progenitores biológicos. Quizás se sienta diferente y con la capacidad de pensamiento que ha adquirido puede plantearse cómo serán, cómo podría haber sido, qué significa haber tenido padres adoptivos y otros orígenes biológicos.

El menor adoptado, en los años anteriores ha debido identificarse como hijo, para adaptarse e integrarse en el medio familiar y social al que pertenece. La identidad del chico se forma con este bagaje anterior y con el intento de definirse como persona única, estableciendo comparaciones con sus padres, su familia, observando semejanzas y diferencias. Es en este período cuando cobran mucha importancia las actitudes que los padres hayan mantenido durante la infancia.

Si han potenciado las similitudes con él, los aspectos comunes con su hijo, en sus formas de ser, de reaccionar, el parecido con actitudes familiares, etc., habrán favorecido la identificación y vinculación con ustedes. En la búsqueda de su identidad encontrará respuestas a las preguntas que se haga sobre quién es, qué capacidades tiene y qué piensa sobre la realidad que vive. Con los referentes que cuente podrá realizar el proceso de formación de su identidad adulta de forma más fácil.

Dentro de este cuestionamiento se planteará, lógicamente, también sus orígenes. Entre las múltiples preguntas que se pueda hacer estará la de sus progenitores biológicos. Es posible que aparezcan emociones diferentes, y si se siente desorientado o contrariado por ello, dirigirá su frustración o enfado hacia las personas que sabe que tiene cerca: sus padres.

Ya se ha hablado sobre no ocultar sus orígenes, sobre cómo proporcionarle información cuando la pida y, por encima de todo, sobre la necesidad de no hacer diferencias por el simple hecho de que su hijo sea adoptado. Recuerde que un ambiente familiar adecuado facilitará su desarrollo y el crecimiento de su autoestima, lo que es muy importante para el adolescente.

Cambios corporales sin referentes

En torno a los 11 años para las chicas y a los 13 para los chicos, comienza la pubertad, que es una etapa de cambios y desarrollo físico, con una base hormonal.

Los adolescentes dan mucha importancia a su aspecto físico. Como para ellos es importante, creen que para los demás también.

Y necesitan ser aceptados por su grupo de amigos. Hay únicamente un modo aceptable de vestir, de peinarse, de maquillarse, etc., y unas aficiones comunes al grupo de amigos: una determinada música, unos deportes concretos.

A causa de este deseo de pertenencia al grupo social con el que se quiere identificar, el adolescente se vuelve un gran consumidor, ya sea de música, ropa, una moto... Frente a sus continuas demandas se deben establecer límites, pero también puede ser un buen momento para orientarle a fin de que empiece a afrontar responsabilidades y a ganar su propio dinero, haciendo pequeños trabajos, cuidando niños, dando clases particulares, lavando el coche. Es un buen modo de aprender cómo funciona la sociedad y que el dinero también proporciona independencia.

Otro aspecto más que se debe considerar es el de las diferencias de imagen que existen entre las distintas razas. Hable con él de cómo los demás le pueden ver diferente cuando amplíe su círculo de relación. Vuelva a comentar estas situaciones y cómo la mejor forma de reaccionar es no prestando atención e ignorando posibles comentarios.

El menor adoptado puede afrontar estas diferencias atribuyéndolas a su raza y pensando que no puede hablarlas ni con sus amigos ni con sus padres. Por lo tanto, quizás deba usted informarse sobre las peculiaridades de la raza de su hijo para poder ayudarle y darle respuestas.

Es muy frecuente, también, que en los grupos de amigos de esta edad se adjudiquen apodos en función del físico y usted debe enseñar a su hijo que no debe sentirse ofendido si se usan con cariño, porque son parte de las normas del grupo.

En un equipo de fútbol masculino, cada jugador estaba identificado con un apodo: «el Chino» (sin ser de raza china), «Pelé» (por ser bueno y de raza negra), «Espagueti» (por ser muy delgado).

En la adolescencia se siente una mayor curiosidad por conocer y desarrollar la sexualidad. Es conveniente que los padres se anticipen a sus preocupaciones: hablar de la sexualidad sin tabúes fomentará una actitud sana hacia ella. Pero debe darse una información adecuada a la edad del hijo y a sus inquietudes, para que la comprenda mejor. La sexualidad debe ser la expresión de sensaciones, de sentimientos, de afectividad y de una forma de comunicación con otras personas.

El adolescente tiene que saber que no debe avergonzarse por lo que siente y le pasa. Y, llegado el momento, explíquele cómo prevenir enfermedades y embarazos. Si está bien informado sabrá tomar mejores decisiones y será responsable de sus actos.

La sexualidad también tiene un componente moral y existen diversas consideraciones éticas y religiosas al respecto. Anime a su hijo adolescente a expresar sus pensamientos y opiniones. Escúchele, apóyele y oriéntele, pero, una vez más, no le juzgue (ver capítulo 1, «Visita al pediatra» y «Pubertad»).

Reafirmación o rechazo de la familia adoptiva

La adolescencia es una etapa de dudas y de búsqueda, de conflicto y de reafirmación. Cuando una persona finalmente deja la adolescencia atrás, es más madura y cree más en sí misma, dado que se trata de una fase de crecimiento y de enriquecimiento de la personalidad.

Pero, asimismo, es una etapa difícil, porque existe el riesgo de perderse por el camino. Normalmente, a los padres y a las familias les gustaría que los adolescentes se apoyaran en ellos y pidieran su opinión para no desviarse. Pero no lo hacen, no lo han hecho en el pasado y no lo van a hacer en el futuro.

En la adolescencia uno cree a pies juntillas en la amistad, la verdad y la justicia, y los ve como valores absolutos... desde su punto de vista personal. El de los demás y muy especialmente el de los padres aparentemente no se consideran, aunque sí pueden buscar ayuda en un amigo, un profesor o un hermano mayor. No se lo tome como un rechazo o como un ataque personal, ni como una decisión de excluirlo de su vida; simplemente, acepte que en esta etapa puede sentirse más identificado con otras personas. A veces, las relaciones familiares que antes eran fluidas, ahora se vuelven difíciles, porque los padres se sienten menos importantes y más cuestionados, mientras que los hijos buscan afianzar su espacio e independencia de los padres. Estos intentos son en ocasiones bruscos o faltos de habilidad y con frecuencia con cambios de humor inexplicables desde fuera.

También esté preparado para escuchar las frases de rigor: «*Tú no eres mi padre*», «*Tú no me entiendes porque soy china*», «*Nunca me has querido*», «*Con mi otra familia en mi país de origen sería más feliz*».

Es fácil que cuando oiga estas palabras se disguste y piense que esto le ocurre porque usted es su padre adoptivo. Quizás también le haga dudar del cariño de su hijo pero confíe en usted mismo y sepa que la relación emocional y el apego que usted tiene con su hijo no se va a romper porque diga o piense en algún momento estas cosas. El adolescente no siempre mide sus emociones y sabe qué le puede decir para dar en el punto flaco, para conseguir manipular la situación a su manera. No entre en su juego y trate de que aprenda a expresar sentimientos de forma adecuada.

Si esto es así con los hijos adolescentes biológicos, es fácil suponer que también lo es con los adoptados, con los que, además, se añade el factor de su origen.

En esta etapa del desarrollo muchos padres se deciden a consultar con un profesional por no encontrar la forma de canalizar o solucionar los conflictos con sus hijos. Piense que su caso no es extraño y si no se soluciona pasado un período razonable, busque ayuda especializada, porque los problemas pueden ir agrandándose con el paso del tiempo.

Si el rechazo es de proporciones similares al que están sufriendo los amigos de su hijo con sus propias familias, sólo le queda esperar que esta etapa dure lo menos posible. Una vez más le recomendamos paciencia, diálogo, tranquilidad, prestar atención a las señales, hablar con los profesores, estar atento a cambios drásticos de conducta... De nuevo y por enésima vez, demuéstrele a su hijo que usted es su padre y que le quiere.

Independizarse de la familia es un objetivo deseable para los hijos. Los padres temen en ocasiones que el adolescente deje de depender de ellos, se vaya y no vuelva porque ya no son importantes para él. Que el adolescente llegue a emanciparse es el resultado de un proceso de maduración emocional, afectiva y social. Esto le permite establecer otras vinculaciones por su propia cuenta. Igual que el niño pequeño con un vínculo seguro puede separarse de los padres para explorar el ambiente, de la misma forma es un signo psicológico positivo que el chico quiera ser independiente. Es desde esa separación desde donde se puede continuar una relación autónoma y madura con la familia.

Fantasías sobre el origen

Algunas palabras hirientes que puede expresar su hijo sin saber cómo le pueden afectar, se dicen normalmente en medio de una discusión y responden más a la rabia del momento que a un rechazo auténtico. Si no fuera así, las frases pueden ser reflejo de un sentimiento relacionado con las fantasías de su hijo sobre su origen (ver el libro *¡Quiero adoptar!*). Recuerde que usted también pudo llegar a tener fantasías sobre su futuro hijo adoptivo cuando se planteó iniciar el proceso de adopción.

Él las tiene ahora porque atraviesa un momento de crisis y puede pensar que con sus padres biológicos las cosas no serían así y que usted no le ha querido o que en su país de origen donde nació la vida sería más sencilla, ya que todo el mundo es de la misma raza y no se sentiría discriminado, etc.

Normalmente, con el paso del tiempo se supera el momento de crisis, ya que madurar conlleva olvidar las fantasías, aceptar y asumir la realidad. Pero, si no es así, siempre le queda el recurso de volver a hablar con su hijo sobre sus orígenes. Pero nunca lo haga en un momento de enfado o porque se sienta herido. Deje pasar estas ocasiones. Seguro que encontrará una oportunidad propicia para el diálogo padre-hijo, cuando puedan hablar con calma.

A los adolescentes les gusta defender conceptos como la verdad y la sinceridad y usted ha contribuido a ello porque le ha inculcado esos valores. Es frecuente que, al ahondar en la información sobre su origen, surja el tema del abandono que el menor sufrió en un momento de su vida. No rehúya esta ocasión, dé respuestas sinceras, ofrezca la información que posea y reconozca lo que no sabe. Brinde la posibilidad de buscar más datos o de que su hijo hable con un profesional si lo desea.

Siempre hay una solución. Costará más o menos tiempo llegar a ella y el proceso será más o menos doloroso, pero no olvide nunca que usted ha adoptado un hijo y que éste lo será para siempre. Y su hijo tiene unos padres que lo quieren, una familia y un entorno social que lo aceptan.

En resumen

Las investigaciones realizadas durante años sobre la adaptación de los adolescentes adoptados, en comparación con los no adoptados, indican que la mayor parte de ellos han conseguido una adaptación familiar y social adecuada. Asimismo, se ha comprobado que los chicos poseían una vinculación afectiva fuerte con sus padres y que eran sanos mentalmente.

En los casos de niños adoptados de otras razas, por ejemplo, menores chinos o de raza negra adoptados por familias blancas, los resultados de los estudios sobre su adaptación también indican que ha sido positiva. Asimismo en relación con la conducta de los padres se destaca que la mayoría de los padres mostraron recursos para manejar esta situación en la adolescencia. En la misma línea las investigaciones sobre el ajuste de la formación de su identidad arrojan datos positivos.

Las familias adoptivas animaron a sus hijos adolescentes a tener independencia y autonomía en su desarrollo hacia la vida adulta.

Con respecto a la autoestima que manifiestan los adolescentes adoptados, los estudios sobre la valoración de sí mismos indican que la alta o baja autoestima está más en relación con los estilos educativos de los padres que con su condición de adoptados.

Tradicionalmente, se ha pronosticado que los niños adoptados, al llegar a la adolescencia, tendrían mayores dificultades para su adaptación y mayor riesgo para plantear conflictos. Al contrario, los resultados muestran que su conducta y su adaptación en este período de cambio no es muy distinta a la de sus iguales no adoptados. Del mismo modo, en el seguimiento de aquellos adolescentes que tuvieron problemas en esta etapa, los datos muestran que también encontraron estabilidad en la edad adulta.

Asimismo, parece claro que los adoptados como grupo no presentan más problemas psicológicos, de conducta o sociales que sus iguales no adoptados, y que uno de los factores que influye en este éxito en la evolución de las personas que han sido adoptadas es la actitud de los padres.

Plenamente conscientes de las posibles dificultades que sus hijos adolescentes pueden tener en su adaptación y su educación, los padres desarrollan recursos y contactos para orientarles y solucionar sus dificultades, y se mantienen atentos para intervenir cuando lo consideran necesario.